11 avril 1888 I. N

VENTE DES 11 ET 12 AVRIL 1888

(HÔTEL DROUOT)

CATALOGUE

DE

BEAUX LIVRES

MODERNES

BEAUX-ARTS — ARCHÉOLOGIE — LIVRES ILLUSTRÉS
DU XIXe SIÈCLE — OUVRAGES
DE L'ÉCOLE ROMANTIQUE — AUTEURS CONTEMPORAINS, ETC.

FREYDAL. Des Kaisers Maximilian I Turniere. — HAVARD. L'Art dans la maison; SPIRE BLONDEL. L'Art intime. Exemplaires en *grand papier du Japon*. — Les Œuvres de William Unger. — VIOLLET-LE-DUC. Dictionnaires de l'Architecture et du Mobilier. 16 vol. — WOLFF. Cent Chefs-d'œuvre. Exemplaire sur *papier du Japon*. — La Caricature, 9 vol. in-4°. — Chants et chansons populaires de la France. 1843. 3 vol. — THIERRY. Récit des temps mérovingiens. in-fol. fig. Exemplaire sur *papier de Hollande*. — Œuvres de Topffer en *éditions originales*. — GAUTIER. Mademoiselle de Maupin. 2 vol. in-8°, *édition originale*. — HUGO. Les Misérables. édition Hugues. 5 vol. gr. in-8°. exemplaire du *premier tirage sur papier de Chine*; les Orientales, édition des *Amis des livres*, exemplaire sur *papier du Japon*. — Le Livre d'or de Victor Hugo, exemplaire sur *papier du Japon*. — MUSSET. Œuvres complètes. 10 vol. gr. in-8°, exemplaire sur *papier de Hollande*, figures de Bida *avant la lettre* et suites ajoutées. — Éditions originales des Œuvres de Delvau, Dumas père, Hugo, Méry, Musset, George Sand, Jules Sandeau, Barbey d'Aurevilly, Victor Cherbuliez, Alphonse Daudet, Dumas fils, Octave Feuillet, Gustave Flaubert, de Goncourt, Georges Ohnet, etc., etc.

PARIS

LABITTE, ÉM. PAUL ET Cie

LIBRAIRES DE LA BIBLIOTHÈQUE NATIONALE

4, RUE DE LILLE, 4

1888

Paris. — Typ. G. Chamerot, 19, rue des Saints-Pères. — 22345.

CATALOGUE

DE

BEAUX LIVRES

MODERNES

LA VENTE AURA LIEU

Les Mercredi 11 et Jeudi 12 Avril 1888

A 2 heures précises du soir

HOTEL DES COMMISSAIRES-PRISEURS, 9, RUE DROUOT

SALLE N° 4

Par le ministère de M° MAURICE DELESTRE, commissaire-priseur

27, RUE DROUOT

Assisté de M. ÉM. PAUL, libraire-expert

4, RUE DE LILLE

ORDRE DES VACATIONS

	Numéros.
PREMIÈRE VACATION. — . . .	291 à 391
— — — . . .	1 à 100
DEUXIÈME VACATION. — . . .	268 à 290
— — — . . .	101 à 267

CONDITIONS DE LA VENTE

La vente se fait expressément au comptant.

Les acquéreurs payeront 5 p. 100 en sus des enchères, applicables aux frais.

Il y aura exposition chaque jour de vente, de 1 à 2 heures.

Les livres devront être collationnés dans les vingt-quatre heures de l'adjudication. Passé ce délai, ou une fois sortis de la salle de vente, ils ne seront repris pour aucune cause.

M. ÉM. PAUL, chargé de la vente, remplira les commissions des personnes qui ne pourraient y assister.

CATALOGUE

DE

BEAUX LIVRES

MODERNES

BEAUX-ARTS — ARCHÉOLOGIE — LIVRES ILLUSTRÉS
DU XIXe SIÈCLE — OUVRAGES
DE L'ÉCOLE ROMANTIQUE — AUTEURS CONTEMPORAINS, ETC.

FREYDAL. Des Kaisers Maximilian I Turniere. — HAVARD. L'Art dans la maison; SPIRE BLONDEL. L'Art intime. Exemplaires en *grand papier du Japon*. — Les Œuvres de William Unger. — VIOLLET-LE-DUC. Dictionnaires de l'Architecture et du Mobilier, 16 vol. — WOLFF. Cent Chefs-d'œuvre. Exemplaire sur *papier du Japon*. — La Caricature, 9 vol. in-4°. — Chants et chansons populaires de la France, 1843, 3 vol. — THIERRY. Récit des temps mérovingiens, in-fol. fig. Exemplaire sur *papier de Hollande*. — Œuvres de Topffer en *éditions originales*. — GAUTIER. Mademoiselle de Maupin, 2 vol. in-8°, *édition originale*. — HUGO. Les Misérables, édition Hugues, 5 vol. gr. in-8°, exemplaire du *premier tirage sur papier de Chine;* les Orientales, édition des *Amis des livres*, exemplaire sur *papier du Japon*. — Le Livre d'or de Victor Hugo, exemplaire sur *papier du Japon*. — MUSSET. Œuvres complètes, 10 vol. gr. in-8°, exemplaire sur *papier de Hollande*, figures de Bida *avant la lettre* et suites ajoutées. — Éditions originales des Œuvres de Delvau, Dumas père, Hugo, Méry, Musset, George Sand, Jules Sandeau, Barbey d'Aurevilly, Victor Cherbuliez, Alphonse Daudet, Dumas fils, Octave Feuillet, Gustave Flaubert, de Goncourt, Georges Ohnet, etc., etc.

PARIS

LABITTE, ÉM. PAUL ET Cie

LIBRAIRES DE LA BIBLIOTHÈQUE NATIONALE

4, RUE DE LILLE, 4

1888

CATALOGUE

DE

BEAUX LIVRES

MODERNES

BEAUX-ARTS. — ARCHÉOLOGIE

1. ALBUMS chinois. 10 albums pet. in-4, cart. recouverts d'étoffe.

   DESSINS A L'AQUARELLE sur papier de riz représentant : oiseaux, fleurs, poissons, paysages, petites scènes de mœurs, etc. Chaque album contient 20, dessins.

2. ANNUAIRE des Beaux-Arts. *Paris, imprimerie Beillet*, 1875-1876, 2 tomes en 1 vol. in-4, texte et eaux-fortes par A.-P. Martial, demi-rel. mar. r. non rog. (*Raparlier.*)

3. AUDSLEY et BOWES. La Céramique japonaise. Traduction de M. P. Louisy. *Paris, F. Didot,* 1881, gr. in-8, fig. en chromo, cart. perc.

4. BARBEY d'AUREVILLY (J.). Suite de 1 portrait et de 9 eaux-fortes de F. Rops pour *les Diaboliques*. In-8, en feuilles dans 1 carton.

   Épreuves sur CHINE, AVANT LA LETTRE.

5. BEAVINGTON-ATKINSON (J.). The schools of modern art in Germany; with numerous illustrations. *London, Seeley, Jackson and Halliday*, 1880, in-4, planches gravées à l'eau-forte, cart. tr. dor.

6. BERGGRUEN (Dr Oskar). Die graphischen Künste. *Wien*, 1879 à 1884, 6 vol. in-4, fascicules, planches gravées à l'eau-forte, br.

   Les six premières années en fascicules. Les fascicules III et IV de la 5e année (1883) sont en double.

7. BOCHER (Emmanuel). Les Gravures françaises du XVIIIe siècle, ou Catalogue raisonné des estampes, eaux-fortes, pièces en

couleur... de 1700 à 1800. *Paris*, 1875-1877, 4 vol. in-4, portr. et fig. demi-rel. mar. grenat avec coins, tête dor. ébarbés.

Lawrence. — Baudoin. — Chardin. — Lancret.

8. Bookbinding in the Library of All Souls college; twelve plates drawn by John James Wild. 1880, fac-similés de titre d'ouvrages et planches de reliure en 2 états, en noir et en chromo, in-4 en feuilles.

9. Bouillon. Musée des Antiques, dessiné et gravé par P. Bouillon, peintre; avec des Notices explicatives par J.-B. de Saint-Victor. Dédié au Roi. *Paris, de l'imprimerie de P. Didot l'aîné, s. d.* 3 vol. in-fol. fig. demi-rel. bas. avec coins, fil. ébarbés.

Belle publication parue de 1811 à 1827.

10. Bourcard (Gustave). Les Estampes du XVIIIe siècle. *Paris, Dentu*, 1885, in-8, br.

Tiré à petit nombre.

11. Bowes (lord James). Japanese Marks and seals. Part. I Pottery. Part. II Illuminated mss. and printed books. Part. III Lacquer, enamels, metal, wood, ivory, etc. *London, Henry Sotheran*, 1882, pet. in-4, fig. cart. perc.

12. Callot (J.). Livre d'esquisses de Jacques Callot dans la collection Albertine à Vienne avec cinquante héliogravures en fac-similé et huit vignettes, publié par Moriz Thausing. *Paris. Wien, London*, 1880, in-4, papier de Hollande, planches, cart. artistique.

13. Catalogue de la collection d'objets d'art anciens et de l'époque de la Renaissance, de M. Alessandro Castellani. *Rome*, 1884, gr. in-8, fig. br.

Exemplaire avec les planches hors texte.

14. — Collection J. Greau. Catalogue des bronzes antiques et des objets d'art du Moyen-Age et de la Renaissance. *Paris, H. Hoffmann et Ch. Mannheim*, 1885, in-4, papier vélin teinté, pl. br.

Beau catalogue illustré de 48 planches et de 150 vignettes.

15. — Bode und Dohme. Die Ausstellung von Gemälden älterer im Berliner Privatbesitz. *Berlin*, 1883, in-4, pl. et fig. br.

16. — Erzeugnisse der Silber-Schmiede Kunst aus dem sechzehnten bis achtzehnten Jahrhundert. — Objets d'orfèvrerie, XVIe-XVIIIe siècle. Collection J. et C. Jeidels. *Frankfurt am M. Carl Jügel*, 1883, 2 vol. in-fol. 50 planches en photographies, en feuilles dans 2 cartons.

17. CATALOGUE. Illustrirter Katalog der ersten internationalen special-Ausstellung der graphischen Künste in Wien. *Wien*, 1883, gr. in-8, fig. gravées à l'eau-forte, cart.

18. CELLINI (Benvenuto). Sa vie écrite par lui-même. Traduction de Leclanché. Neuf eaux-fortes de Laguillermie. *Paris, Quantin*, 1881, in-8, fig. br.

19. CHENNEVIÈRES (le marquis de). Les Dessins de maîtres anciens exposés à l'École des Beaux-Arts en 1879, étude. *Paris, Gazette des Beaux-Arts*, 1880, gr. in-8, fig. et planches gravées hors texte, br.

20. CHOISY (Auguste). L'Art de bâtir chez les Byzantins. *Paris*, 1882, in-fol. pl. en feuilles dans 1 carton.

21. — Études épigraphiques sur l'architecture grecque. *Paris, Libr. des publications périodiques*, 1884, in-4, pl. br.

22. CLARETIE (Jules). Peintres et sculpteurs contemporains, portraits gravés à l'eau-forte par L. Massard. *Paris, Librairie des bibliophiles*, 1881-1884, 2 vol. en livraisons in-8, portraits, en feuilles.

23. COSTE (Pascal). Architecture arabe ou Monuments du Kaire, mesurés et dessinés, de 1818 à 1825. *Paris, typogr. de Firmin Didot fr.* 1839, in-fol. 66 pl. gr. demi-rel. chag. r.

24. DAVID (Jules). Le Peintre Louis David, 1748-1815. Souvenirs et documents inédits, par J.-L. Jules David, son petit-fils. *Paris, Victor Havard*, 1880, in-4, portr. demi-rel. mar. bleu avec coins, dos orné, fil. tête dor. ébarbé.

On a joint à cet ouvrage le complément : Suite d'eaux-fortes d'après les Œuvres de David, gravées par J.-J. David. *Paris*, 1882, in-4, en feuilles dans 1 carton.

25. DUPONT-AUBERVILLE. Art industriel. L'ornement des tissus. Recueil historique et pratique, avec des notes explicatives et une introduction générale. *Paris, Ducher*, 1887, in-fol. texte et pl. en couleur montés sur onglets, demi-rel. chag. r. tête dor. ébarbé.

26. DURER (Albert). La Grande Passion en douze gravures sur bois, Nuremberg, anno 1511. Reproduction, procédé P. W. van de Weijers, Utrecht, d'après les épreuves avant la lettre appartenant au cabinet du Dr Straeter, Aix-la-Chapelle, avec une introduction de Georges Duplessis, bibliothécaire du dépar-partement des estampes à la Bibliothèque nationale à Paris. *Utrecht, P. W. van de Weijer, s. d.* in-fol. en feuilles dans 1 carton.

27. Du Sartel, Louis Gonse et Karabacek. Sammlung von Abbildungen keramischer Objecte. *Wien*, 1885, in-fol. fig. en feuilles dans 1 carton.

28. Ernouf (le baron). L'Art des jardins. Parcs, jardins, promenades. Étude historique. Principes de la composition des jardins. Plantations, etc. Troisième édition, entièrement refondue avec le concours de A. Alphand, ouvrage illustré de 510 illustrations. *Paris, Rothschild, s. d.* in-4, fig. br. couverture.

29. FREYDAL. Des Kaisers Maximilian I Turniere und Mummereien herausgegeben mit allerhöchster Genehmigung Seiner Majestät des Kaisers Franz Joseph I unter der Leitung des K. K. Oberstkämmerers, Feldzeugmeisters Franz, Grafen Folliot de Crenneville von Quirin von Leitner. Mit einer geschichtlichen Einleitung, einem facsimilirten Namensverzeichnisse und 255 Heliogravuren. *Wien*, 1880-1882, in-fol. 54 pp. de texte, 25 pl. de fac-similés, et 255 pl. gr.

Freydal est le nom sous lequel l'empereur Maximilien a fait publier le Cycle des sept tournois, les Courses, les Combats, Voyages, Fiançailles, etc. Exemplaire en feuilles, bien complet.

30. Galerie (die) zu Cassel. 40 planches pet. in-fol. gravées à l'eau-forte par W. Unger, d'après les tableaux de Frans Hals, Rubens, van Dyck, Rembrandt, van Ostade, dans 1 carton.

31. — Königlich-Baierischer Gemälde Saal zu München und Schleissheim. Eine Sammlung ausgezeichneter Gemälde der Pinacothek in München lithographirt von Strixner, Piloty, Hohe, Selb und Flachenekker. *München*, 1817-1836, 2 vol. in-fol. pl. sur chine, demi-rel. bas. r. avec coins, non rog.

32. Gautier (Théophile). Mademoiselle de Maupin. Suite de 1 frontispice, 4 portraits et 9 figures de Poirson, in-8.

Épreuves sur chine volant avant la lettre.

33. — Mademoiselle de Maupin. Suite de 1 frontispice et 17 grandes compositions de G. Toudouze, gravées par Champollion. *Paris, Conquet, s. d.* pl. in-8, en feuilles dans 1 carton.

Collection des planches en deux états : avec et avant la lettre sur japon. On y a joint la suite des deux portraits et des deux figures refusées, en deux états sur japon, ainsi que les tirages à part sur japon des 3 portraits que contient l'ouvrage.

34. Gazette des Beaux-Arts. Courrier européen de l'art et de la curiosité. *Paris*, 1859-1876, 22 vol. gr. in-8, br. et fascicules.

Années 1859 au 1er août 1863 et 1872 à 1876.

35. Gonse (L.). Exposition universelle de 1878. Les Beaux-Arts et les arts décoratifs. L'art ancien. L'art moderne. *Paris*, *Gazette des Beaux-Arts*, 1879, 2 vol. gr. in-8, fig. dans le texte et gravures à l'eau-forte, demi-rel. mar. grenat jans. avec coins, tête dor.

36. Guiffrey (Jules). Inventaire général du mobilier de la couronne sous Louis XIV. *Paris*, *Rouam*, 1885-1886, 2 vol. gr. in-8, fig. br.

37. Havard (Henry) et Spire Blondel. L'Art dans la maison (Grammaire de l'ameublement), par Henry Havard. — L'Art intime et le goût en France (Grammaire de la curiosité), par Spire Blondel. *Paris*, *Ed. Rouveyre*, 1884-1885, 2 vol. gr. in-8, fig. en noir et en couleur, br.

Un des 25 exemplaires en grand papier du Japon, avec les planches hors texte en deux états.

38. Henriet (Frédéric). Le Paysagiste aux champs. *Paris*, *A. Lévy*, 1876, gr. in-8, fig. gravées à l'eau-forte, cart. perc. verte.

39. Histoire de l'art en tableaux à l'usage des établissements d'instruction publique. *Leipzig*, *Bruxelles et Paris*, 1879, 2 vol. in-4 oblong, cart.

246 planches contenant 2060 figures.

40. Hoff (le major). Les Grandes Manœuvres. Illustrations par Ed. Detaille. *Paris*, *Boussod*, *Valadon*, 1884, in-fol. en feuilles, dans 1 carton.

30 tableaux, esquisses et dessins d'Édouard Detaille, reproduits par un nouveau procédé de phototypogravure.
Exemplaire sur papier du Japon.

41. Houdoy (Jules). Histoire artistique de la cathédrale de Cambrai, ancienne église métropolitaine Notre-Dame. Comptes, inventaires et documents inédits, avec une vue et un plan de l'ancienne cathédrale. *Paris*, *Morgand et Fatout*, 1880, gr. in-8, papier de Hollande, fig. br.

42. Huldigungs-Festzug der Stadt Wien zur Feier der silbernen Hochzeit Ihrer Majestäten des Kaisers und Kaiserin Franz Joseph I Elisabeth (27 April 1879). Herausgegeben von dem Gemeinderathe der K. K. Reichshaupt und Residenzstadt Wien. *Wien*, 1881, in-4, 15 pl. gr. à l'eau-forte, br.

43. Irmer (Dr Georg). Die Romfahrt Kaiser Heinrich's VII im Bildercyclus des Codex Balduini Trevirensis, herausgegeben von der Direcktion der K. Preussischen Staatsarchive. Erläu-

ternder Text bearbeitet unter Benutzung des literarischen Nachlasses von L. V. Eltester. *Berlin*, 1881, in-4, pl. en fac-similé, cart.

44. JONES (Owen). Grammaire de l'ornement, illustrée d'exemples pris de divers styles d'ornement. Cent douze planches. *Londres, B. Quaritch*, 1865, in-fol. fig. cart. de l'éditeur.

45. JOUIN (Henry). David d'Angers, sa vie, son œuvre, ses écrits et ses contemporains. Deux portraits du maître, d'après Ingres et Ernest Hébert, vingt-trois planches hors texte et un fac-similé d'autographe gravés par A. Durand. *Paris, E. Plon*, 1878, 2 vol. gr. in-8, fig. demi-rel. v. f. tête dor. ébarbés.

46. JOUSSE (Mathurin). La Fidelle Ouverture de l'art du serrurier, accompagnée d'une notice historique par H. Destailleurs, architecte du gouvernement. *Paris, A. Lévy*, 1874, in-fol. 28 pl. gr. cart.

47. KEKULÉ (Reinhard). Griechische Thonfiguren aus Tanagra. Im Auftrag des kaiserlich deutschen archäologischen Instituts zu Berlin, Rom und Athen, nach Aufnahmen von Ludwig Otto herausgegeben. *Stuttgart, Speman*, 1878, in-fol. 17 pl. en couleur montées sur onglets, demi-rel. chag. bleu, fil. tête dorée, ébarbé.

48. KOUDAKOFF. Histoire de l'art byzantin considéré principalement dans les miniatures, traduction de M. Trawinski. *Paris, Rouam*, 1886, in-4, fig. br.

Tome I.
De la *Bibliothèque internationale de l'Art.*

49. LABORDE (A. de). Collection des vases grecs de M. le comte de Lamberg, expliquée et publiée par Alexandre de Laborde. *Paris, de l'imprimerie de Didot l'aîné*, 1813-1824, 2 vol. in-fol. vignettes, pl. en couleur, demi-rel. mar. r. ébarbés.

Belle publication.

50. LABORDE (marquis Léon de). Les Comptes des bâtiments du Roi (1528-1571), suivis de documents inédits sur les châteaux royaux et les beaux-arts au XVIe siècle, recueillis et mis en ordre. *Paris, J. Baur*, 1877, 2 vol. in-8, br.

51. LAFENESTRE (Georges). Livre d'or du Salon de peinture et de sculpture, catalogue descriptif des œuvres récompensées et des principales œuvres hors concours. Orné de planches gravées à l'eau-forte sous la direction de M. Edm. Hédouin. *Paris, Librairie des bibliophiles*, 1879-1886, 8 vol. gr. in-8, fig. br.

Les 8 premières années.

52. Lafenestre (Georges). La Vie et l'œuvre du Titien. *Paris, Quantin*, 1886, in-fol. portr. et fig. cart. perc. non rog.

53. La Fizelière (A. de), Champfleury et F. Henriet. La Vie et l'œuvre de Chintreuil. Quarante eaux-fortes par Martial, Lalauze, etc. *Paris, Cadart*, 1874, gr. in-4, pl. gr. br.

Exemplaire sur grand papier de Hollande.

54. Langlois (E.-H.). Essai historique, philosophique et pittoresque sur les danses des morts... *Rouen, Le Brument*, 1852, 2 vol. in-8, portr. et fig. demi-rel. mar. r. avec coins, têtes de mort sur le dos, tête dor. ébarbés. (*Raparlier*.)

55. Lau (Th.). Die griechischen Vasen, ihr Formen und Decorations System. XLIX Tafeln. *Leipzig, Seemann*, 1877, in-fol. texte et pl. en couleur, en feuilles dans 1 carton.

56. Levallois (Jules). Les Maîtres italiens en Italie. *Tours, Mame*, 1887, in-8, fig. br.

57. Lipperheide (Frieda). Muster altitalienischer Leinenstickerei. *Berlin, Franz Lipperheide*, 1881-1883, 2 vol. in-4, pl. en feuilles dans 2 cartons.

58. Lübke (Dr Wilhelm). History of art; translated by F. E. Bunnet. *London, Smith, Elder*, 1869, 2 vol. pet. in-4, fig. cart. tête dor. ébarbés.

59. Magne (Lucien). L'Œuvre des peintres verriers français. Montmorency, Écouen, Chantilly. *Paris, F. Didot*, 1885, in-fol. br. et 1 atlas de pl. dans 1 carton.

60. Maulde (R. de). Une Vieille Ville normande. Caudebec-en-Caux. Douze dessins d'après nature, gravés à l'eau-forte par M. P. Carbonnier. *Paris, Vve Cadart*, 1879, in-fol. 54 pp. de texte et 12 pl. gr. à l'eau-forte, en feuilles dans 1 carton.

61. Menzel. Illustrations pour les œuvres de Frédéric le Grand. *Paris, Fetscherin*, 1882, 2 vol. in-4, fig. cart. fers spéciaux, non rog.

62. Mérimée (Prosper). Carmen. Suite de 1 frontispice et huit vignettes dessinés par S. Arcos, gravés par A. Nargeot. *Paris, L. Conquet*, 1884, in-8, en feuilles dans 1 carton.

Épreuves avant la lettre sur papier du Japon.

63. Michel (Edmond). Monuments religieux, civils et militaires du Gatinais (départements du Loiret et de Seine-et-Marne), depuis le XIe jusqu'au XVIIe siècle. Ouvrage accompagné de

107 planches hors texte d'après les dessins de l'auteur. *Lyon, H. Georg*, 1879, 2 vol. in-4, dont un de texte et un de pl. en feuilles.

64. Michel-Ange. Le lettere di Michelangelo Buonarroti, pubblicate coi ricordi ed i contratti artistici per cura di Gaetano Milanesi. *In Firenze, Le Monnier*, 1875, in-4, cart. non rog.

65. — L'Œuvre et la vie de Michel-Ange, dessinateur, sculpteur, peintre, architecte et poète, par M. Ch. Blanc, Eug. Guillaume, Paul Mantz, Ch. Garnier. Mezières, Anatole de Montaiglon, Georges Duplessis et Louis Gonse. *Paris, Gazette des Beaux-Arts*, 1876, gr. in-8, papier vélin teinté, fig. br.

66. Michiels (Alfr.). Histoire de la peinture flamande depuis ses débuts jusqu'en 1864. *Paris, A. Lacroix*, 1865-1876, 10 vol. — Rubens et l'école d'Anvers. *Paris, Delahays*, 1854, 1 vol. — Études sur l'Allemagne, renfermant une histoire de la peinture allemande. *Bruxelles*, 1845, 2 vol. — L'Art flamand dans l'Est de la France. *Paris, Renouard*, 1877, 1 vol. — Ens. 14 vol. in-8, cart. uniforme.

67. Monnaies du Japon. *S. l. n. d.* in-4 oblong, 55 pl. col. or, argent et bronze, avec texte japonais, demi-rel. bas.

68. Moura (le Dr). La Butte des Moulins, avec documents archéologiques et administratifs inédits, eaux-fortes de A. P. Martial. *Paris, Vve Cadart*, 1877, in-fol. 48 pp. de texte et 21 pl. gr. cart.

69. Musset (Alfr. de). Illustrations pour les *Œuvres*. Aquarelles par Eugène Lami, eaux-fortes par Adolphe Lalauze. *Paris, Morgand*, 1883, gr. in-8, en feuilles dans un carton.

Épreuves avant la lettre sur papier de Chine, titre avec la lettre grise.

70. Palustre (Léon) et X. Barbier de Montault. Le Trésor de Trèves. 30 planches en phototypie par P. Albert Dujardin. *Paris, A. Picard, s. d.* in-4, fig. br.

Exemplaire sur papier du Japon.

71. Patay (le Dr). Les Enseignes, emblèmes et inscriptions du vieil Orléans, avec 16 planches dessinées d'après nature et gravées à l'eau-forte par Em. Davoust. *Orléans, H. Herluison*, 1878, in-4, pl. gr. demi-rel. mar. grenat jans. avec coins, tête dor. ébarbé.

Extrait des Mémoires de la *Société archéologique et historique de l'Orléanais* et tiré à 100 exemplaires numérotés.

72. PERROT (Georges) et Charles CHIPIEZ. Histoire de l'Art dans l'antiquité. Tome IV : Judée, Sardaigne, Syrie, Cappadoce. *Paris, Hachette*, 1887, in-8, fig. br.

73. PICCINNI (Antonio). Souvenirs de Rome, douze eaux-fortes originales et inédites; préface de J. Claretie. *Paris, Vve A. Cadart*, 1878, in-fol. en feuilles.

ÉPREUVES SUR JAPON.

74. PIEDAGNEL (Alex.). J.-F. Millet. Souvenirs de Barbizon. *Paris, Vve A. Cadart*, 1876, gr. in-8, fig. cart. non rog.

Eau-fortes par Ch. Bauverie, Max. Lalanne, Ad. Lalauze, Fél. Rops, etc. Exemplaire sur PAPIER DE CHINE.

75. PLANTET (Eugène). La Collection des statues du marquis de Marigny. *Paris, Quantin*, 1885, in-8, fig. br.

76. PLON (Eug.). Thorvaldsen, sa vie et son œuvre. *Paris, H. Plon*, 1867, in-8, fig. br.

Exemplaire avec le tirage à part des figures sur CHINE.

77. POPELIN (Claudius). Les Vieux Arts du feu. Deuxième édition. *Paris, Lemerre, s. d.* in-4, texte encadré d'un fil. r. fig. demi-rel. mar. bleu avec coins, tête dor. ébarbé. (*Dupré.*)

78. PRÉVOST (l'abbé). Manon Lescaut. Suite complète de 6 vignettes in-8 dessinées et gravées à l'eau-forte par Hédouin. *Édition Jouaust.*

Épreuves sur CHINE VOLANT AVANT TOUTE LETTRE.

79. PROCÈS-VERBAUX de l'Académie royale de peinture et de sculpture, 1648-1793, publiés pour la Société de l'histoire de l'art français, d'après les registres originaux conservés à l'École des beaux-arts par M. Anatole de Montaiglon. *Paris, J. Baur*, 1875; *Charavay frères*, 1883, 5 vol. in-8, br.

80. RAMÉE (Daniel). Histoire générale de l'architecture. Renaissance. *Paris, Dunod*, 1885, in-8, br.

81. REVUE des arts décoratifs et Bulletin officiel de l'Union centrale des arts décoratifs. *Paris, A. Quantin, imprimeur-éditeur, et Charles Delagrave*, 1880 à décembre 1886, fascicules gr. in-8 en feuilles, nombr. pl. gr. à l'eau-forte.

Les 6 premières années et le premier semestre de la 7e année.

82. ROBEAU (Alfred). L'Œuvre complet de Eug. Delacroix. *Paris, Charavay*, 1885, gr. in-4, portr. et fig. br.

83. ROBINSON (Vincent). Eastern carpets. Twelve early exemples with descriptive notices and a preface by sir George Birdwood.

Printed in colours by William Griggs after watercolour drawings by E. Julia Robinson. *London, Henry Sotheran*, 1882, in-fol. pl. cart. non rog.

84. Rolland (Jules) et le baron de Rivières. La Cathédrale Sainte-Cécile d'Albi, ses richesses artistiques. Planches photographiques de L. Aillaud, notice historique par Jules Rolland, étude archéologique et descriptive des planches par le baron de Rivières. *Toulouse, Ed. Privat*, 1882, in-fol. 55 photographies, en feuilles dans 1 carton.

85. Rubens. Titels en portretten gesneden naar P. P. Rubens voor de Plantijnsche drukkerij. — Titres et portraits gravés d'après P. P. Rubens pour l'Imprimerie Plantinienne. *Anvers*, 1877, gr. in-4, pl. cart. non rog.

Publiés par ordre de la commission directrice du Musée Plantin-Moretus, avec une introduction explicative et historique.

86. Sauvageot (Cl.). Monographie de Chevreuse. Étude archéologique. *Paris, Vve A. Morel*, 1874, in-fol. pl. en feuilles dans 1 carton.

87. Schlieman (Henri). Ilios, ville et pays des Troyens. Traduit de l'anglais par M. E. Egger. *Paris, F. Didot*, 1885, gr. in-8, cartes, plans et fig. br.

88. Thausing (Dr Moriz). Die Votivkirche in Wien. Denkschrift des Baucomités veröffentlicht zur Feier der Einweihung am 24 April 1879. *Wien, Waldheim*, 1879, in-4, papier vélin, pl. gr. cart.

89. — Dürer : Geschichte seines Lebens und seiner Kunst. *Leipzig, E. A. Seeman*, 1876, gr. in-8, portr. fig. et cartes, cart. perc.

90. Trabaud (Pierre). Esthétique et archéologie. *Paris, Renouard*, 1878, 2 vol. gr. in-8, fig. demi-rel. v. r. tête dor. ébarbés.

91. Turnure (Arthur B.). This art year-book was made for the New England manufacturers and mechanics institute. *New-York, s. d.* in-4, fig. cart.

92. UNGER (William). Les Œuvres. Eaux-fortes d'après les maîtres anciens commentées par C. Vosmaer. *Leyde, A. W. Sijthoff*, 1874, 14 livraisons gr. in-fol. papier de Hollande, en feuilles.

142 planches gravées. Ouvrage complet.

93. Vasari (Giorgio). Vies des plus célèbres peintres et architectes, traduites et annotées par Jeanron et L. Leclanché. *Paris, Tessier*, 1839-1842, 10 vol. in-8, fig. demi-rel. chag. bleu, ébarbés.

94. VAUX (B[on] de). Légende de Montfort-la-Cane, dessinée par Paul Chardin. *Paris, Leroux*, 1886, in-4, illustrations en couleur, br.

95. VEIT (Valentin). Die Städel'sche Galerie zu Frankfurt am Main in ihren Meisterwerken älterer Malerei. Zwei und dreissig Radirungen von Johann Eissenhardt. *Verlag von E. A. Seemann in Leipzig*, 1876-1877, 2 parties in-fol. en feuilles dans 2 cartons.

Premier et second fascicules contenant chacun 16 planches gravées à l'eau-forte, épreuves AVANT LA LETTRE.

96. VIOLLET-LE-DUC. Dictionnaire raisonné de l'architecture française du XIe au XVIe siècle. *Paris, Bance*, 1854, 10 vol. in-8, portr. et fig. demi-rel. chag. vert, tr. marb.

97. — Dictionnaire raisonné du mobilier français de l'époque carlovingienne à la Renaissance. *Paris, Bance*, 1858-75, 6 vol. in-8, fig. demi-rel. chag. vert foncé.

98. WAGNON (Adrien). La Sculpture antique. *Paris, Rothschild*, 1885, gr. in-8, pl. br.

99. WARNER (Robert) et B. S. WILLIAMS. The Orchid album, comprising coloured figures and descriptions of new, rare and beautiful Orchidaceous plants. Conducted by Robert Warner and Benjamin Samuel Williams, the botanical descriptions by Thomas Moore, the couloured figures by John Nugent Fitch. *London*, 1882-1885, 4 vol. in-4, pl. en couleur, demi-rel. chag. vert, ébarbés.

Belle publication.

100. WOLFF (Alb.) CENT CHEFS-D'ŒUVRE des collections parisiennes. *Paris, G. Petit et L. Baschet, s. d.* in-fol. pl. gr. à l'eau-forte, en feuilles dans 1 carton en satin.

Exemplaire numéroté sur PAPIER DU JAPON, avec les eaux-fortes AVANT LA LETTRE.

101. WRIGHT (Th.). Histoire de la caricature et du grotesque dans la littérature et dans l'art. Traduction d'O. Sachot. Deuxième édition illustrée. *Paris, Delahays*, 1875, in-8, cart. perc. non rog.

102. YRIARTE (Charles). Matteo Civitali, sa vie et son œuvre. *Paris, Rothschild*, 1886, in-4, pap. du Japon, fig. br.

Tiré à petit nombre.

LIVRES ILLUSTRÉS DU XIXe SIÈCLE

103. ANACRÉON. Poésies nouvellement traduites et accompagnées d'une préface par Maurice Albert. Compositions d'Em. Lévy, et dessins de Giacomelli. *Paris, librairie des Bibliophiles*, 1885, in-12, vign. br.

Tiré à petit nombre.

104. APULÉE. L'Ane d'or ou la Métamorphose. Traduction de Savalète, préface de J. Andrieux, avec nombreuses gravures dessinées par A. Racinet et P. Bénard. *Paris, A. Firmin Didot*, 1872, in-8, fig. br. couverture.

105. AUBERT (Ch.-F.). Le Littoral de la France, de Dunkerque au Mont-Saint-Michel, texte par Ch.-F. Aubert, dessins par H. Scott. *Paris, V. Palmé, s. d.* gr. in-8, 230 gravures dans le texte et 66 pl. hors texte, br.

106. AVENTURES (les) merveilleuses de Fortunatus, avec une préface par Henry Fouquier et 120 dessins par Ed. de Beaumont. *Paris, librairie des Bibliophiles*, 1887, gr. in-8, fig. br.

107. BARBEY D'AUREVILLY. Le Chevalier Des Touches. Dessins de Julien Le Blant. *Paris, librairie des Bibliophiles*, 1886, in-8, portr. et fig. br.

108. BARRON. Les Environs de Paris. Ouvrage illustré par Fraipont. *Paris, Quantin, s. d.* gr. in-8, fig. br.

109. BOCCACE (Jean). Les Dix Journées, traduction de Le Maçon, réimprimée par les soins de D. Jouaust. Notes, notice et glossaire par P. Lacroix. Onze eaux-fortes par Flameng. *Paris, librairie des Bibliophiles*, 1873, 4 vol. in-16, portr. et fig. demi-rel. mar. bleu avec coins, dos orné, fil. tête dor. ébarbés. (*Belz-Niedrée.*)

110. CARICATURE (la) MORALE, POLITIQUE, religieuse, littéraire et scénique. *Paris*, 1830 au 25 juin 1835, 9 vol. in-4, fig. lithog. en noir et en couleur, demi-rel. bas.

Collection devenue rare. « Ce journal, dit M. Hatin, fondé par Charles Philipon, fit avec le crayon, au gouvernement de Juillet, une guerre aussi incisive que celle que lui fit le *Charivari* avec la plume. »

111. CENT Nouvelles nouvelles (les). Les dix dizaines des Cent Nouvelles nouvelles, réimprimées par les soins de D. Jouaust.

Notice, notes et glossaire par M. Lacroix, dessins gravés de J. Garnier. *Paris, librairie des Bibliophiles*, 1874, 4 vol. in-16, fig. demi-rel. mar. citron avec coins, dos orné, fil. tête dor. ébarbés. (*Belz-Niedrée.*)

112. Champier (Victor). Les Anciens Almanachs illustrés. *Paris, Frinzine*, 1886, in-fol. pl. en fac-similé, en feuilles dans un carton.

113. CHANTS et Chansons populaires de la France. Première série (et suivantes). *Paris, H. L. Delloye*, 1843, 3 vol. in-8, fig. de Daubigny, Grandville, Meissonnier, etc. demi-rel. mar. r. avec coins, dos orné, fil. tr. dor. (*Belz-Niedrée.*)

Premier tirage.

114. Cladel (Léon). Ompdrailles, le Tombeau des Lutteurs, avec 16 eaux-fortes hors texte et 7 dans le texte par Rodolphe Julian. *Paris, A. Cinqualbre*, 1879, gr. in-8, fig. br.

Exemplaire de premier tirage avec le portrait de l'auteur sur chine, ajouté.

115. Coster (Ch. de). La Légende d'Ulenspiegel. Ouvrage illustré de quatorze eaux-fortes inédites. *Paris, Librairie internationale*, 1868, in-4, fig. demi-rel. chag. vert avec coins, fil. ébarbé.

116. Daudet (Alphonse). Sapho. Mœurs parisiennes. Illustrations de L. Montégut. *Paris, Librairie illustrée et G. Charpentier, s. d.* gr. in-8, fig. br. couverture.

Exemplaire de premier tirage sur papier vélin teinté, numéroté; 2 portraits de l'auteur ajoutés.

117. Delord (T.). Les Fleurs animées, par J.-J. Grandville, introduction par A. Karr. *Paris, G. de Gonet*, 1847, 2 parties en 1 vol. in-8, front. et fig. en couleur, demi-rel. chag. vert, plats toile, tr. dor.

118. Dumas fils (Alexandre). La Dame aux Camélias. Préface de J. Janin, illustrations de A. Lynch. *Paris, Quantin, s. d.* in-4, fig. br.

119. Dupanloup (Mgr). Histoire de Notre-Seigneur Jésus-Christ. *Paris, H. Plon*, 1870, in-4, fig. demi-rel. mar. brun avec coins, tête dor. ébarbé.

120. Énault (Louis). Londres. *Paris, Hachette*, 1876, in-fol. fig. de G. Doré, demi-rel. chag. r. plats toile, fers spéciaux, tr. dor.

121. Érasme. Éloge de la Folie, traduit par Victor Develay, et accompagné des dessins de Hans Holbein. *Paris, librairie des Bibliophiles*, 1872, in-8, fig. mar. orange, dos orné, fil. dent. int. tr. dor. (*Belz-Niedrée.*)

Exemplaire sur papier de Chine.

122. FLORIAN. Fables, avec une préface par Honoré Bonhomme, dessins d'Emile Adam. *Paris, librairie des Bibliophiles*, 1886, in-12, portr. et fig. br.

123. FOURNEL (Victor). Le Vieux Paris. Fêtes, jeux et spectacles. *Tours, Mame*, 1887, in-8, fig. br.

124. GALERIE des Femmes de Shakespeare. Collection de quarante-cinq portraits gravés par les premiers artistes de Londres, enrichie de notices critiques et littéraires. *Paris, J.-B. Fellens et L.-P. Dufour, s. d.* in-8, titre gr. portr. demi-rel. mar. brun, fil. tête dor.

125. GALIBERT (Léon). Histoire de la République de Venise. *Paris, Furne*, 1856, in-8, fig. hors texte gr. sur acier, mar. vert, comp. fil. tr. dor.

126. GOETHE. Faust. Illustrations de J.-P. Laurens. *Paris, librairie des Bibliophiles*, 1885, in-8, fig. br.

Tiré a petit nombre.

127. — Hermann und Dorothea, mit acht Bildern von Arthur Freiherr von Ramberg, nach den original Oelgemäldern photographirt von Franz Hanfstängl und Initialen von Gaspar Scheuren und Friedrich Baumgarten. *Berlin*, 1873, gr. in-4, papier vélin, fil. r. & pl. demi-rel. chag. r. plats toile avec ornements en relief, tr. dor.

128. — Les Souffrances du jeune Werther. Traduction nouvelle par Madame Bachellery. Eaux-fortes de Lalauze. *Paris, librairie des Bibliophiles*, 1886, in-12, portr. et fig. br.

129. GOLDSMITH (Olivier). Le Vicaire de Wakefield. Traduction de Gausseron. Illustrations de Poirson. *Paris, Quantin*, 1885, in-8, fig. en couleur, br. couverture.

130. GONCOURT (Ed. et J.). La Femme au XVIIIe siècle. *Paris, Didot*, 1887, in-4, fig. br.

131. GUEULLETTE (Ch.). Acteurs et actrices du temps passé. La Comédie-Française. *Paris, librairie des Bibliophiles*, 1880-81, 14 fasc. in-8, portr. gr. à l'eau-forte par Ad. Lalauze.

132. HOMÈRE. Iliade et Odyssée. Traduction nouvelle accompagnée de notes, d'explications et de commentaires par Eug. Bareste, illustrée par MM. A. Titeux, A. de Lemud et Th. Devilly. *Paris, Lavigne*, 1842-1843, 2 vol. in-8, fig. br. couverture.

PREMIER TIRAGE.

133. HOMÈRE. Iliade. Compositions par M. Henri Motte. Traduction par E. Pessonneaux. *Paris, Quantin, s. d.* in-8, fig. br.

134. HORACE. Quinti Horatii Flacci Opera, cum novo commentario ad modum Joannis Bond. *Parisiis, ex typ. Firm. Didot*, 1855, in-16, fig. et vign. texte encadré d'un fil. r. vél. non rog.

Exemplaire sur PEAU DE VÉLIN avec le tirage photog. des gravures.

135. IMITATION (l') de Jésus-Christ, traduction de Michel de Marillac, précédée d'une préface par Louis Veuillot. *Paris, Glady fr.* 1876, in-8, fig. demi-rel. mar. La Vall. avec coins, dos orné, fil. tête dor. ébarbé. (*Petit, succ. de Simier.*)

136. KUNST und Leben. Ein neuer Almanach für das deutsche Haus. *Stuttgart, Verlag von Spemann, s. d.* gr. in-8, fig. gravées à l'eau-forte, br.

Exemplaire sur PAPIER DE JAPON.

137. LA BRUYÈRE. Les Caractères ou les Mœurs de ce siècle, suivis du discours à l'Académie et de la traduction de Théophraste, précédés d'une introduction par M. Sainte-Beuve. Illustrations, de MM. Penguilly, Grandville et Jules David. *Paris, Morizot, s. d.* in-8, fig. sur chine et vign. demi-rel. mar. orange avec coins, tête dor. ébarbé. (*Pougetoux.*)

Exemplaire relié sur brochure avec sa couverture.

138. LACROIX (Bibliophile Jacob). XVIIe siècle. Institutions, usages et costumes. 1590-1700. Ouvrage illustré de 16 chromos et de 300 gravures sur bois (dont 20 tirées hors texte), d'après les monuments de l'art de l'époque. *Paris, Didot*, 1880, in-8, fig. br.

Exemplaire en GRAND PAPIER.

139. — XVIIIe siècle. Institutions, usages et costumes. — Lettres, sciences et arts. *Paris, Didot*, 1875-1878, 2 vol. gr. in-8, fig. br.

Exemplaire en GRAND PAPIER.

140. LA FONTAINE. Contes et nouvelles. Édition illustrée. *Paris, E. Bourdin, s. d.* 1839, in-8, front. fig. et vign. demi-rel. mar. r. avec coins, dos orné, fil. tête dor. ébarbé.

On a ajouté quelques figures de la même suite sur CHINE.

141. — Contes, publiés par D. Jouaust avec une préface de Paul Lacroix. Dessins d'Ed. de Beaumont, gravés à l'eau-forte par Boilvin. *Paris, librairie des Bibliophiles*, 1883, 2 vol. in-12, portr. et fig. br.

Tiré à petit nombre.

142. LA FONTAINE. Fables. Édition illustrée par J.-J. Grandville. *Paris, H. Fournier*, 1838, 2 vol. in-8, front. et fig. demi-rel. mar. r. avec coins, fil. tête dor. non rog. (*Allô.*)

Édition ornée d'un frontispice sur CHINE volant et de 120 figures sur bois tirées hors texte.

PREMIÈRE ÉDITION sous cette date contenant le PREMIER TIRAGE très soigné de ces figures. On a joint à cet exemplaire la seconde série des 120 figures de Grandville, publiée en 1840.

143. — Fables, avec les dessins de Gustave Doré. *Paris, Hachette*, 1868, gr. in-4, portr. fig. hors texte et vign. demi-rel. chag. vert, plats toile, dos orné, ébarbé.

PREMIÈRE ÉDITION avec les dessins de Doré.

Cet exemplaire contient en double les 8 planches qui ont été deux fois gravées.

144. — Fables, publiées par D. Jouaust avec l'éloge de La Fontaine par Chamfort. Dessins d'Em. Adam gravés à l'eau-forte par Le Rat. *Paris, librairie des Bibliophiles*, 1885, 2 vol. in-12, portr. fig. br.

Tiré à petit nombre.

145. LA POPELINIÈRE (Le Riche de). Tableaux des mœurs du temps dans les différents âges de la vie. Notice de M. Charles Monselet. *Paris, imprimerie des ci-devant fermiers généraux* (*Bruxelles, Poulet-Malassis*), 1867, 2 vol. in-8, fig. demi-rel. mar. citron avec coins, tête dor. non rog.

Exemplaire en GRAND PAPIER avec les eaux-fortes de Rops et la suite des gravures hors texte tirées sur acier pour l'édition in-12.

146. LARCHER (L.-J.) La Femme jugée par les grands écrivains des deux sexes, ou la Femme devant Dieu, devant la nature, devant la loi et devant la société. Nouvelle édition. *Paris, Garnier*, 1854, in-8, portraits, demi-rel. mar. r. avec coins, dos orné, fil. tête dor. ébarbé.

147. LAVALETTE. Fables, illustrées de nouvelles eaux-fortes par Grandville. Troisième édition, revue et augmentée. *Paris, Hetzel*, 1847, in-8, fig. demi-rel. mar. citron avec coins, tête dor. non rog.

Cette troisième édition contient 62 fables au lieu de 50, et 12 planches nouvelles gravées à l'eau-forte, ce qui en porte le nombre à 33.

148. LE SAGE. Le Diable boiteux, illustré par Tony Johannot, précédé d'une notice sur Le Sage par M. Jules Janin. *Paris, Ern. Bourdin*, 1840, gr. in-8, demi-rel. cuir de R. avec coins, fil. tête dor. non rog.

Exemplaire du PREMIER TIRAGE relié sur brochure avec sa couverture illustrée.

149. LE SAGE. Histoire de Gil Blas de Santillane. Vignettes par Jean Gigoux. *Paris, Paulin*, 1835, in-8, fig. demi-rel. bas. verte, non rog.

Exemplaire du PREMIER TIRAGE auquel on a ajouté un portrait-frontispice sur chine de la suite de Henri Pille.
Taches d'humidité.

150. LIREUX (Auguste). Assemblée nationale comique, illustrée par Cham. *Paris, Michel Lévy*, 1850, gr. in-8, nombr. vign. dans le texte et 20 pl. gr. sur bois hors texte, br. couverture.

PREMIER TIRAGE.

151. LIVRE d'Amour ou Folastreries du vieux temps. *A Paris, chez Louis Janet, s. d.* in-18, pap. vélin et fig. en couleur, mar. r. fil. dor. et comp. à froid, tr. dor.

Recueil de Poésies des XIe-XVe siècles, publié par C. Malo.
Taches d'humidité.

152. LOUVET DE COUVRAY. Les Amours du chevalier de Faublas. Nouvelle édition, ornée de huit gravures dessinées par Collin. *Paris, Ambr. Tardieu*, 1821, 4 vol. in-8, fig. v. granit fil. tr. dor.

153. MANNE (E.-D. de). Galerie historique des portraits des comédiens de la troupe de Voltaire gravés à l'eau-forte par Fréd. Hillemacher, avec des détails biographiques par E.-D. de Manne. *Lyon, Scheuring*, 1861, in-8, portraits, demi-rel. cuir de R. avec coins, tête dor. ébarbé.

154. — et MÉNÉTRIER. Galerie historique des portraits des comédiens de la troupe de Nicolet. Notices sur certains acteurs et mimes qui se sont fait un nom dans les annales des scènes secondaires, depuis 1760 jusqu'à nos jours, avec des portraits gravés à l'eau-forte par P. Hillemacher. *Lyon, Scheuring*, 1869, in-8, portraits, demi-rel. cuir de R. avec coins, tête dor. ébarbé.

Un des rares exemplaires sur PAPIER DE HOLLANDE avec la suite des portraits sur CHINE volant AVANT LA LETTRE.

155. MOLIÈRE. Œuvres. Illustrations de Jacques Leman. *Paris, Lemonnyer*, 1882, 3 vol. in-4, fig. br.

L'Escole des Femmes. — La Critique de l'Escole des femmes. — Les Fascheux.

156. MONTESQUIEU. Lettres persanes. Dessins d'Ed. de Beaumont. *Paris, librairie des Bibliophiles*, 1886, 2 vol. in-12, portr. et fig. br.

157. NOUVEAU (le) Décaméron. *Paris, E. Dentu*, 1884-1887, 10 vol. pet. in-8 fig. br. couvertures illustrées.

Chaque volume contient une journée, c'est-à-dire dix contes, et est enrichi de têtes de pages, lettres ornées, culs-de-lampe et fleurons, dessinés spécialement pour l'ouvrage, plus deux eaux-fortes, dont l'une représente le portrait du roi de la journée et l'autre l'une des scènes les plus piquantes d'une nouvelle.

Exemplaire sur PAPIER DU JAPON, avec double suite de gravures.

158. OHNET (Georges). Les Batailles de la vie. La Comtesse Sarah. Illustrations par Adr. Marie. *Paris, Librairie illustrée et Paul Ollendorff*, s. d. gr. in-8, fig. br.

Exemplaire du PREMIER TIRAGE sur papier vélin teinté, numéroté.

159. PERRAULT (Ch.). Les Contes des fées en prose et en vers. Deuxième édition, revue et corrigée sur les éditions originales et précédée d'une lettre critique par Ch. Giraud. *Lyon, impr. Louis Perrin*, 1865, in-8, portr. fig. et vign. gr. demi-rel. mar. r. avec coins, dos orné, fil. tête dor. ébarbé. (*Petit, succ. de Simier.*)

160. PRÉVOST (l'abbé). Histoire de Manon Lescaut et du chevalier Des Grieux. Édition illustrée par Tony Johannot, précédée d'une notice historique sur l'auteur par Jules Janin. *Paris, Bourdin*, s. d. in-8, front. fig. et vign. demi-rel. mar. bleu avec coins, dos orné, fil. tête dor. non rog.

Bel exemplaire du PREMIER TIRAGE, avec les figures sur CHINE, AVANT LA LETTRE, relié sur brochure, avec sa couverture illustrée.

161. — Manon Lescaut, préface de M. de Lescure, eaux-fortes de Lalauze, variantes et bibliographie. *Paris, A. Quantin*, 1879, pet. in-8, portr. et fig. cart. ébarbé.

Exemplaire sur PAPIER DU JAPON avec les figures en 2 états : avec et AVANT LA LETTRE.

162. RABELAIS. Œuvres, avec une notice et un glossaire par Pierre Jannet. Illustrations de A. Robida. *Paris, Librairie illustrée*, s. d. 2 vol. gr. in-4, fig. en noir et en couleur, br.

163. RACINE (Jean). Théâtre, orné de vignettes gravées à l'eau-forte sur les dessins d'Ern. Hillemacher par Fr. Hillemacher. *Paris, librairie des Bibliophiles*, 1873-74, 4 vol. in-8, portr. et vign. gr. br.

On a ajouté la suite de treize eaux-fortes d'après Gravelot, gravées par L. Monziès, publiée par Alph. Lemerre, épreuves sur HOLLANDE, AVANT LA LETTRE.

164. RECLUS (E.). Nouvelle Géographie universelle. La Terre et les Hommes. *Paris, Hachette*, 1875-1886, 11 vol. in-8, fig. et cartes, demi-rel. chag. r. fers de l'éditeur, tr. dor. (*Magnier.*)

Europe. 5 volumes. — Asie. 4 volumes. — Afrique. 2 volumes.

165. Reed (Edward). Japan, its history, traditions and religions. *London, J. Murray*, 1880, 2 vol. in-8, cartes et fig. cart. perc.

166. Reybaud (Louis). Jérôme Paturot à la recherche d'une position sociale. Édition illustrée par J.-J. Grandville. *Paris, Dubochet*, 1846. — Jérôme Paturot à la recherche de la meilleure des républiques. Édition illustrée par Tony Johannot. *Paris, Michel Lévy, s. d.* (1849). — Ens. 2 vol. gr. in-8, demi-rel. mar. orange avec coins, dos orné, fil. tête dor. non rog. (*Raparlier.*)

Exemplaires reliés sur brochure avec leurs couvertures illustrées. Le premier volume est du PREMIER TIRAGE.

167. Rollet de l'Isle. Au Tonkin et dans les mers de Chine. *Paris, Plon, s. d.* in-4, fig. en noir et en couleur, cart. perc. non rog.

168. Rousseau (J.-J.). La Botanique. *Paris, Baudouin frères*, 1822, in-4, fig. sur le titre et pl. en couleur, demi-rel. mar. vert à long grain, non rog.

Exemplaire en PAPIER VÉLIN.

169. — Œuvres. *Paris, Lefèvre*, 1819-1820, 22 vol. in-8, portr. et fig. demi-rel. mar. r. (*Riget.*)

Excellente édition ornée des figures de Desenne.

170. Saint-Pierre (J.-H. Bernardin de). Paul et Virginie (suivi de la Chaumière indienne). *Paris, L. Curmer, 25, rue Sainte-Anne*, 1838, in-8, portr. fig. et vign. demi-rel. v. violet avec coins, tête dor. ébarbé. (*Simier.*)

Exemplaire du PREMIER TIRAGE avec les figures sur CHINE, AVANT LA LETTRE, la légende sur papier de soie.

171. — Paul et Virginie, préface de Jules Claretie, eaux-fortes de Fr. Regamey, variantes et bibliographie. *Paris, A. Quantin*, 1878, pet. in-8, fig. cart. non rog.

Un des 100 exemplaires numérotés sur PAPIER DU JAPON, avec les figures en 2 états : avec et AVANT LA LETTRE.

172. Sarcey (F.). Comédiens et comédiennes. La Comédie Française. Théâtres divers. Notices par F. Sarcey. Portraits d'artistes gravés à l'eau-forte par L. Gaucherel. *Paris, librairie des Bibliophiles*, 1884-1886, 2 vol. in-8, portr. br.

173. Sauvan (J.-B.-B.). Diorama anglais, ou Promenade pittoresque à Londres... par M. S..... (Sauvan). Ouvrage orné de vingt-quatre planches gravées et enluminées. *Paris, J. Didot l'aîné*, 1823, in-8, fig. en couleur, demi-rel. bas.

Rare.

Les figures sont du célèbre caricaturiste anglais Cruikshank.

174. SCARRON. Le Roman comique peint par J.-B. Pater et J. Dumont le Romain, peintres du Roi, réduit d'après les gravures au burin de Surugue père et fils, Benoît Audran, Edme Jeaurat, Lepicié, G. Scotin, graveurs du Roi, par M. Tiburce de Marc et accompagné de notices explicatives par M. Anatole de Montaiglon. *Paris, P. Rouquette*, 1883, in-4, portr. et 16 pl. cart.

175. SECOND (Albéric). Les Petits Mystères de l'Opéra, illustrations par Gavarni. *Paris, Kugelmann, Bernard-Latte*, 1844, in-8, vign. sur bois dans le texte, demi-rel. bas. verte.

PREMIER TIRAGE des figures de Gavarni.

176. SWIFT. Voyages de Gulliver (par le doyen Swift). *Paris, Leclère*), 1860, 4 vol. pet. in-12, front. et fig. de Lefebvre, mar. La Vall. dos orné, fil. tr. dor.

Belle édition.
Bel exemplaire.

177. THÉATRE : La Vie Parisienne, pièce en cinq actes par MM. Meilhac et L. Halévy. — La Fille de Mme Angot, opéra-comique en trois actes par MM. Clairville, Siraudin et Koning. — *Paris, Librairie illustrée*, 1875. — Ens. 2 vol. gr. in-8, fig. br.

Éditions illustrées de costumes coloriés dessinés par Draner et Grévin et de vignettes par P. Hadol.

178. THIERRY (Aug.). RÉCIT DES TEMPS MÉROVINGIENS, avec dessins de J.-P. Laurens reproduits par les procédés de M. Goupil. *Paris, L. Hachette*, 7 fascicules in-fol. en feuilles dans des cartons.

Exemplaire numéroté sur PAPIER DE HOLLANDE (no 19 sur 520), figures AVANT LA LETTRE.

179. TÖPFFER (Rodolphe). Les Amours de Monsieur Vieux-Bois, (par R. Töpffer). Seconde édition. *Genève*, 1839, in-8 oblong, dessins autog. avec légendes, br. couverture.

Frontispice et 220 dessins. Cette édition contient 22 dessins de plus que la première.

180. — Le Docteur Festus (par R. Töpffer). *Autographié par l'auteur, lithographie de Schmid, à Genève, s. d.* (1840), in-8 oblong, dessins autog. avec légendes, br. couverture.

ÉDITION ORIGINALE ornée d'un frontispice, de 209 dessins et d'une carte.

181. — Essai de Physiognomonie, par R. T. (R. Töpffer). *Genève*, 1845, in-4, br. couverture.

ÉDITION ORIGINALE contenant 35 pages autographiées ornées de nombreux dessins.

182. Töpffer (Rodolphe). Histoire d'Albert, par Simon de Nantua (R. Töpffer). *Genève*, 1845, in-8 oblong, dessins autog. avec légendes, br. couverture.

Édition originale ornée d'un titre et de 187 dessins sur 40 pages. Le premier dessin porte cette légende : *Ci-contre et rien qu'à tourner les pages, l'on verra figurer au naturel toute l'histoire d'Albert, et comme quoi n'étant bon à rien, il finit par trouver sa vocation.*

183. — Monsieur Pencil (par R. Töpffer). *Autographié à Genève, par l'auteur, lithographie de Schmid*, 1840, in-8 oblong, dessins autog. avec légendes, br. couverture.

Édition originale ornée d'un frontispice et de 214 dessins.

184. — Nouveaux Voyages en zig-zag à la Grande-Chartreuse, autour du Mont-Blanc, précédés d'une notice par Sainte-Beuve, illustrés d'après les dessins originaux de Töpffer. *Paris, Victor Lecou*, 1854, in-8, front. fig. et vign. demi-rel. mar. r. avec coins, fil. tr. dor.

Premier tirage.

185. — Voyage autour du Mont-Blanc (1842), (par R. Töpffer). *S. l.* (*Genève*), 1843, in-4 oblong, texte et dessins autog. br. couverture.

Édition originale ornée d'un frontispice et de 48 gr. dessins à pleine page.

186. — Voyages du docteur Festus, par Töpffer. Suite de 15 dessins autographiés sur 13 ff. en feuilles.

Planches d'essai extrêmement rares, évidemment destinées à l'ouvrage suivant, mais que l'auteur supprima sans doute en raison de leur caractère un peu gaulois.
Épreuves à toutes marges.

187. — Voyages et aventures du docteur Festus (par Töpffer). *Genève, Ledouble*, 1840, in-8, fig. br. couverture.

Édition originale. Exemplaire non coupé.

188. Vallès (Jules). La Rue à Londres. Édition ornée de vingt-deux eaux-fortes et de nombreux dessins par A. Lançon. *Paris, G. Charpentier*, 1884, in-fol. pl. gr. en feuilles dans 1 carton avec fers spéciaux.

Exemplaire numéroté sur papier du Japon avec double tirage des eaux-fortes sur papier du Japon, avant la lettre et sur hollande.

189. Vétault (A.). Charlemagne, introduction par Léon Gautier. *Tours, Mame*, 1877, in-8, fig. demi-rel. chag. r. plats toile, fers de l'éditeur, tr. dor.

190. Villars (P.). L'Angleterre, l'Écosse et l'Irlande. *Paris, Quantin*, 1885, gr. in-8, fig. br.

191. WHYMPER (Ed.). Escalades dans les Alpes, de 1860 à 1869. Ouvrage traduit de l'anglais par Ad. Joanne. *Paris, Hachette*, 1873, in-8, fig. br.

PREMIÈRE ÉDITION.

ROMANTIQUES

192. BALZAC. La Peau de chagrin, roman philosophique. *Paris, Ch. Gosselin et Urb. Canel*, 1831, 2 vol. in-8, 2 vign. de Tony Johannot, gr. par Porret, demi-rel. v. tr. marb.

ÉDITION ORIGINALE.
Quelques taches et mouillures.

193. BANVILLE (Th. de). Mes souvenirs. *Paris, G. Charpentier*, 1882, in-12, br. couverture.

ÉDITION ORIGINALE.
Exemplaire sur PAPIER DE HOLLANDE, avec différents portraits sur CHINE ou HOLLANDE, AVANT LA LETTRE, ajoutés.

194. BARTHÉLEMY et MÉRY. Napoléon en Égypte. Waterloo et le fils de l'homme. Édition illustrée par Horace Vernet et H[te] Bellangé. *Paris, Ern. Bourdin, s. d.* (1842), gr. in-8, fig. br. couverture.

Bel exemplaire du PREMIER TIRAGE, figures sur CHINE.

195. BÉRANGER. Les Gaietés. Quarante-quatre chansons érotiques de ce poète, suivies de chansons politiques et satiriques non recueillies dans ses Œuvres prétendues complètes. *Amsterdam*, 1864, in-16, front. de Rops, demi-rel. mar. citron avec coins, fil. tête dor. ébarbé. (*Belz-Niedrée.*)

196. BOREL (Petrus). Madame Putiphar. *Paris, Ollivier*, 1839, 2 vol. in-8, 2 fig. sur chine, par Louis Boulanger, gr. par Lacoste, demi-rel. mar. r. avec coins, non rog. couvertures. (*Reliure genre Bradel.*)

ÉDITION ORIGINALE.
Portrait de l'auteur gravé à l'eau-forte, publié par Cadart, ajouté.

197. CHAMPFLEURY. Les Vignettes romantiques. Histoire de la littérature et de l'art, 1825-1840. 150 vignettes par C. Nanteuil, Tony Johannot, Devéria, etc. suivi d'un catalogue complet des romans, drames, poésies de 1825-1840. *Paris, E. Dentu*, 1883, in-4, portr. et fig. br.

Exemplaire sur PAPIER DE HOLLANDE.

198. Delvau (Alfred). Les Cythères parisiennes. Histoire anecdotique des bals de Paris, avec 24 eaux-fortes et un frontispice de F. Rops et Ém. Thérond. *Paris, Dentu*, 1864, in-12, front. et fig. br.

Édition originale.

199. — Dictionnaire de la langue verte. Argots parisiens comparés. *Paris, E. Dentu*, 1866, in-12 à 2 col. demi-rel. chag. vert, dos orné, tête dor. ébarbé.

Édition originale.
Exemplaire en grand papier.

200. — Françoise, chapitre inédit de l'histoire des Quatre Sergents de la Rochelle, avec une eau-forte d'Émile Thérond. *Paris, Ach. Faure*, 1865, in-24, front. cart. couverture.

Édition originale.
Portrait de l'auteur, ajouté.

201. — Histoire anecdotique des barrières de Paris. Avec 10 eaux-fortes par Ém. Thérond. *Paris, Dentu*, 1865, in-12, fig. br.

Édition originale.

202. — Histoire anecdotique des cafés et cabarets de Paris. Avec dessins et eaux-fortes de G. Courbet, L. Flameng et F. Rops. *Paris, Dentu*, 1862, in-12, front. et fig. br.

Édition originale.

203. Dumas (Alex.). L'Alchimiste, drame en cinq actes, en vers. *Paris, Dumont*, 1839, in-8, cart. non rog. couverture.

Édition originale.
Bel exemplaire.

204. — Angèle, drame en cinq actes, *Paris, Charpentier*, 1834, in-8, front. à l'eau-forte par Célestin Nanteuil, demi-rel. mar. olive avec coins, tête dor.

Édition originale.
Cachet lavé sur le titre.

205. — Henri III et sa cour, drame historique en cinq actes et en prose. Représenté sur le Théâtre-Français, par les comédiens ordinaires du roi, le 11 fevrier 1829. *Paris, Vézard et Cie*, 1829, in-8, demi-rel. mar. olive avec coins, tête dor. ébarbé.

Édition originale.

206. Émeraude (l'). Morceaux choisis de littérature moderne. *Paris, Urb. Canel et Ad. Guyot*, 1832, in-12, br.

Ce volume contient des nouvelles ou des poésies de Balzac, Chateaubriand, Delatouche, Em. Deschamps, Victor Hugo, J. Janin, Alph. de Lamartine, etc.

207\. GAUTIER (Théophile). MADEMOISELLE DE MAUPIN. Double amour. *Paris, Eug. Renduel,* 1835, 2 vol. in-8, demi-rel. bas. bleue, ébarbés.

ÉDITION ORIGINALE, rare. La préface contient des passages supprimés. On a ajouté à cet exemplaire la suite des eaux-fortes de Poirson sur HOLLANDE AVANT LA LETTRE, plus 1 portrait de T. Gautier sur CHINE et 2 portraits de Mlle de Maupin sur JAPON.

208\. GOZLAN (Léon). Aristide Froissard. *Paris, Souverain,* 1844, 2 vol. in-8, br. couvertures.

ÉDITION ORIGINALE.
Portrait par Rajon, AVANT LA LETTRE sur CHINE, ajouté.

209\. HUGO (Victor). Actes et Paroles. Avant, pendant et après l'exil, 1841-1876. *Paris, Michel-Lévy fr.* 1875-1876, 3 vol. in-8, br. couvertures.

ÉDITION ORIGINALE.
Exemplaire sur PAPIER DE HOLLANDE, avec 3 portraits de l'auteur, sur CHINE, ajoutés.

210\. — L'Ane. *Paris, Calmann Lévy,* 1880, in-8, br.

ÉDITION ORIGINALE.
Exemplaire sur PAPIER DE HOLLANDE.

211\. — L'Année terrible. Illustrations de MM. J.-P. Laurens, L. Flameng, Em. Bayard, D. Vierge, etc. *Paris, Eug. Hugues* (1879), gr. in-8, fig. br. couvertures.

Exemplaire du PREMIER TIRAGE sur PAPIER VÉLIN BLANC (n° 10 sur 30) auquel on a ajouté un portrait de l'auteur, gravé à l'eau-forte par Abot, et 5 planches extraites du *Livre d'or de Victor Hugo*, épreuves sur JAPON.

212\. — L'Art d'être grand-père. *Paris, Calmann Lévy,* 1877, in-8, br. couverture.

ÉDITION ORIGINALE.
Un des 20 exemplaires (n° 7) sur PAPIER DE CHINE. 2 figures ajoutées, extraites du *Livre d'or de Victor Hugo.*

213\. — Les Burgraves, trilogie. *Paris, Michaud,* 1843, in-8, demi-rel. mar. bleu avec coins, non rog. couverture. (*Allö.*)

ÉDITION ORIGINALE.
Exemplaire relié sur brochure auquel on a joint : les Buses-Graves, trilogie..., par M. Tortu-Goth, chargée de vignettes par Bertall, in-8, 12 ff. vign. br.

214\. — Œuvres complètes. Poésie. V. Les Chants du crépuscule. *Paris, Eug. Renduel,* 1835, in-8, br. couverture.

ÉDITION ORIGINALE.
Bel exemplaire contenant à la fin du volume un catalogue de Renduel

215. HUGO (Victor). Châtiments. *Bruxelles, Henri Samuel, s. d.* in-24, br. couverture.

Véritable ÉDITION ORIGINALE de ce livre rare, importante pour l'histoire du texte des *Châtiments*. Les passages où la fureur a emporté le poète jusqu'aux limites extrêmes de la violence ont été remplacés par des lignes de points. Dans la même année parut l'édition originale complète d'un format un peu plus petit.

216. — Les Châtiments. Nouvelle édition illustrée. *Paris, Eug. Hugues, s. d.* (1884), gr. in-8, fig. br. couverture.

Exemplaire du PREMIER TIRAGE sur PAPIER DU JAPON (nº 3 sur 5), auquel on a ajouté 5 portraits sur CHINE de l'auteur, par Louis Monziès, Martinez, Schoenewerk et Boilvin, et les planches du *Livre d'or de Victor Hugo* se rapportant à ce livre, épreuves sur JAPON.

217. — Les Contemplations. *Paris, Pagnerre, Michel Lévy*, 1856, 2 vol. in-8, fig. cart. non rog. couvertures.

ÉDITION ORIGINALE.
Bel exemplaire cartonné sur brochure auquel on a ajouté 5 figures AVANT LA LETTRE, de A. Leleux. E. Sain, L. Leloir, R. Collin et Ch. Landelle, extraites du *Livre d'or de Victor Hugo*.

218. — Cromwell, drame. *Paris, Ambr. Dupont*, 1828, in-8, br. couverture.

ÉDITION ORIGINALE.
Exemplaire auquel on a ajouté trois portraits de l'auteur, par L. Monziès, Martinez et Burney, épreuves sur CHINE.

219. — La Esmeralda, opéra en quatre actes. *Paris, Schlesinger*, 1836, br. in-8 de 31 pp. à 2 col. couverture.

ÉDITION ORIGINALE.
Taches.

220. — Hernani, drame en cinq actes, en vers. *Paris, Calmann Lévy*, 1878, in-8, br.

Exemplaire numéroté sur PAPIER DE HOLLANDE, avec une eau-forte ajoutée.

221. — Histoire d'un crime. Déposition d'un témoin. Édition illustrée par MM. J.-P. Laurens, G. Brion, E. Bayard, D. Vierge, etc. *Paris, Eug. Hugues*, 1879, gr. in-8, fig. br. couverture.

Exemplaire du PREMIER TIRAGE, sur PAPIER VÉLIN (nº 23 sur 30) avec un portrait de l'auteur, gravé à l'eau-forte par Abot, ajouté, et une planche, *la Mort de Baudin*, extraite du *Livre d'or de Victor Hugo*, épreuve sur JAPON.

222. — L'Homme qui rit. Illustrations de Vierge. *Paris, Librairie illustrée*, MDCCCLXXXV (pour 1875), gr. in-8, fig. br. couverture.

Exemplaire du PREMIER TIRAGE auquel on a ajouté une planche de Vernier, sur JAPON, tirée du *Livre d'or de Victor Hugo*, et se rapportant au livre.

223. HUGO (Victor). La Légende des siècles. Première série : Histoire. Les Petites Épopées. *Paris, Michel Lévy frères, et Hetzel*, 1859, 2 vol. in-8, fig. cart.

ÉDITION ORIGINALE.
Exemplaire auquel on a ajouté 2 portraits de Victor Hugo sur CHINE VOLANT, AVANT LA LETTRE, l'un de Monziès d'après Devéria, l'autre de Martinez, et 19 figures AVANT LA LETTRE, extraites du *Livre d'or de Victor Hugo*.

224. — La Légende des siècles. Nouvelle série. *Paris, Calmann Lévy*, 1877-1883, 3 vol. in-8, br.

ÉDITION ORIGINALE.
Exemplaire sur PAPIER DE HOLLANDE avec des figures extraites du *Livre d'or de Victor Hugo*, ajoutées.

225. — Marion de Lorme. Nouvelle édition. *Paris, Michel Lévy frères*, 1873, in-8, br.

Exemplaire sur PAPIER DE CHINE, auquel on a ajouté deux portraits de l'auteur, par Monziès et Martinez, épreuves sur CHINE, et deux planches se rapportant à cette pièce, gravées par Flameng et E. de Liphart.

226. — Mes fils. (Exemplaire sur *papier de Chine.*) — Religions et Religion. — L'Archipel de la Manche. (Exemplaire sur *papier de Hollande* avec un portrait de l'auteur, par Boilvin.) — *Paris, Michel Lévy*, 1874-1883. — Ens. 3 vol. in-8, br.

ÉDITIONS ORIGINALES.

227. — LES MISÉRABLES. Nouvelle édition splendidement illustrée par J.-P. Laurens, G. Brion ,de Neuville, Bayard, Lix, E. Morin, D. Vierge, etc. *Paris, Eug. Hugues, s. d.* 5 vol. gr. in-8, fig. demi-rel. chag. brun, non rog. couvertures.

Exemplaire du PREMIER TIRAGE sur PAPIER DE CHINE (n° 45 sur 50), auquel on a ajouté les planches extraites du *Livre d'or de Victor Hugo*, se rapportant à ce roman.

228. — Napoléon le Petit. Édition illustrée par MM. J.-P. Laurens, E. Bayard, E. Morin, D. Vierge, etc. *Paris, Eug. Hugues*, 1879, gr. in-8, fig. br. couverture.

Exemplaire du PREMIER TIRAGE sur PAPIER VÉLIN (n° 17 sur 30).

229. — LES ORIENTALES (d'après l'édition originale), illustrées de huit compositions de MM. Gérome et Benjamin Constant, gravées à l'eau-forte par M. de Los Rios. *Paris, imprimé pour les Amis des livres par Georges Chamerot*, 1882, in-4, fig. br. couverture.

Exemplaire sur PAPIER DU JAPON avec les figures en deux états, auquel on a ajouté 2 portraits de l'auteur par L. Monziès et Burney et la vignette de L. Cousin, *Au clair de lune*, épreuve sur CHINE, collée sur JAPON.

230. Hugo (Victor). Les Occidentales, ou Lettres critiques sur les Orientales de M. Victor Hugo (par E.-J. Chételat). *Paris, Hautecœur-Martinet*, 1829, in-8, br. couverture.

Pièce rare, non citée.
Bel exemplaire NON ROGNÉ.

231. — Le Pape. *Paris, Calmann Lévy*, 1878, in-8, br. couverture.

ÉDITION ORIGINALE.
Un des cinq exemplaires (nº 4) sur PAPIER DE CHINE. Figure ajoutée extraite du *Livre d'or de Victor Hugo*.

232. — La Pitié suprême. *Paris, Calmann Lévy*, 1879, in-8, br.

ÉDITION ORIGINALE.
Exemplaire sur PAPIER DE HOLLANDE.

233. — Les Quatre Vents de l'Esprit. *Paris, Hetzel*, 1881, 2 vol. in-8, fig. br.

ÉDITION ORIGINALE.
Exemplaire sur PAPIER DE HOLLANDE, auquel on a ajouté quatre eaux-fortes de De Nittis, Jundt, Max. Lalanne, Mesdag, AVANT LA LETTRE, extraites du *Livre d'or de Victor Hugo*.

234. — Quatre-vingt-treize. Dessins de MM. Em. Bayard, G. Brion, Lançon, Ed. Morin, D. Vierge, etc. *Paris, Eug. Hugues, s. d.* gr. in-8, fig. br. couverture.

Exemplaire du PREMIER TIRAGE, sur PAPIER VÉLIN TEINTÉ (nº 16 sur 50), auquel on a ajouté les figures du *Livre d'or de Victor Hugo*, se rapportant à ce roman.

235. — Œuvres complètes. Poésie. VII. — Les Rayons et les Ombres. *Paris, Delloye*, 1840, in-8, br. couverture.

ÉDITION ORIGINALE.
Exemplaire auquel on a ajouté 2 portraits de l'auteur (dont 1 sur CHINE) par Martinez et Burney, et 4 planches par Heilbuth, Worms, Giacomelli et Hagborg, extraites du *Livre d'or de Victor Hugo* et se rapportant à cet ouvrage.

236. — Le Retour de l'empereur. *Paris, Delloye*, 1840, in-8 de 30 pp. cart.

ÉDITION ORIGINALE.
Exemplaire cartonné sur brochure.

237. — Le Roi s'amuse. *Paris, Société de publications périodiques*, 13, *quai Voltaire* (*P. Mouillot*), *s. d.* in-4, pl. et vign. en feuilles dans 1 carton.

Exemplaire sur PAPIER DU JAPON auquel on a ajouté : 5 portraits de l'auteur (dont 3 sur CHINE) par Boilvin, Martinez, L. Monziès, Burney et Abot. 2 planches en trois états, extraites du *Livre d'or de Victor Hugo*, se rapportant à ce drame, et la pièce du *Roi s'amuse*, tirée des *Premières illustrées*.

238. Hugo (Victor). Romans illustrés. 4 vol. in-8, fig. demi-rel. chag. noir, non rog. couvertures illustrées.

Quatre-vingt-treize. *Paris, E. Hugues, s. d.* — L'Année terrible. *Paris, M. Lévy*, 1874. — Histoire d'un crime. *Paris, E. Hugues*, 1879. — L'Homme qui rit. *Paris*, 1885.

239. — Œuvres complètes, Drame. Tome VII. — Ruy Blas, *Paris, H. Delloye; Leipzig, Brockhaus*, 1838, in-8, br. couverture.

Édition originale.

On a ajouté à cet exemplaire 4 portraits de l'auteur, par Monziès, Martinez, Boilvin et Abot, épreuves sur chine, sauf le dernier qui est sur hollande.

240. — Ruy Blas. Drame en cinq actes, en vers. *Paris, Mich. Lévy fr.* 1872, in-8, fig. br.

241. — William Shakespeare. (Par Victor Hugo.) *Paris, A. Lacroix*, 1864, in-8, br.

Édition originale.

Exemplaire sur papier de Hollande, avec un portrait de l'auteur, ajouté, gravé par Martinez, épreuve avant la lettre, sur chine.

242. — Ose-trop-Goth. Toqué-malade, parodie méli-mélo-drame-à-tics-médicinaux (par L. Hoche). *Paris, chez un marchand et pour les amateurs de romantiques, à l'aube du vingtième siècle (typ. G. Chamerot), s. d.* (1882), in-8, front. et vign. dans le texte, br.

Parodie de *Torquemada*, tirée à 70 exemplaires.

243. — Les Travailleurs de la mer, édition illustrée par D. Vierge, Chifflart, etc. *Paris, Hugues, s. d.* gr. in-8, fig. demi-rel. chag. vert, non rog.

Exemplaire sur papier de Chine (n° 25 sur 50) auquel on a ajouté les planches extraites du *Livre d'or de Victor Hugo* se rapportant à ce roman, épreuves en deux états.

244. — Œuvres complètes. Poésie. VI. — Les Voix intérieures. *Paris, Eug. Renduel*, 1837, in-8, br. couverture.

Édition originale.

Bel exemplaire.

245. — Le Livre d'or de Victor Hugo, par l'élite des artistes et des écrivains contemporains. Direction de M. Em. Blémont. *Paris, Launette*, 1883, in-4, fig. br.

Exemplaire du premier tirage sur papier du Japon.

246. — Barbou. Victor Hugo et son temps. Édition illustrée de 120 dessins inédits par MM. Em. Bayard, Clerget, Fichel, Jules Garnier, Giacomelli, etc. *Paris, G. Charpentier*, 1881, gr. in-8, fig. br. couverture.

Exemplaire du premier tirage sur papier de Hollande, auquel on a ajouté :

9 portraits de l'auteur (dont 6 sur CHINE) par L. Monziès, Martinez, Courtry, Schœnewerk, Boilvin, divers portraits de ses contemporains, et des planches extraites du *Livre d'or de Victor Hugo*, se rapportant à cet ouvrage.

247. HUGO (Victor). Le Canu. Chez Victor Hugo, par un passant, avec 12 eaux-fortes de M. Maxime Lalanne. *Paris, Cadart et Luquet*, 1864, in-8 de 68 pp. fig. br.

Description intéressante de la demeure de V. Hugo à Guernesey.
La préface seule est signée.

248. — Paul de Saint-Victor. Victor Hugo. *Paris, Calmann Lévy*, 1884, in-8, br.

Exemplaire sur PAPIER DE HOLLANDE.

249. JANIN (Jules). L'Ane mort, édition illustrée par Tony Johannot. *Paris, Ern. Bourdin*, 1842, gr. in-8, fig. cart.

PREMIER TIRAGE.
Taches d'humidité.

250. LAMARTINE (de). Graziella. Dessins de Bramtot. *Paris, librairie des Bibliophiles*, 1886, in-8, fig. br.

251. — Jocelyn. Dessins de Besnard. *Paris, librairie des Bibliophiles*, 1885, in-8, portr. et fig. br.

Tiré à petit nombre.

252. — Raphaël, pages de la vingtième année, illustré de six magnifiques eaux-fortes par Tony Johannot. *Paris, Perrotin*, 1850, in-8, fig. cart.

253. LATOUCHE (de). Olivier. *Paris, Urb. Canel*, 1826, in-12, br. couverture.

ÉDITION ORIGINALE, rare.

254. MARIN (Scipion). Le Sacerdoce littéraire, ou le gouvernement des hommes de lettres. Centilogie en trois actes, par M. Aristophane, citoyen de Paris (Scipion Marin). *Paris, Vimont*, 1832, in-8 de 80 pp. br.

Pièce satirique, rare.

255. MÉRIMÉE. La Chambre bleue, nouvelle dédiée à Madame de La Rhune (par Prosper Merimée). *Bruxelles*, 1872, in-8, br. couverture.

ÉDITION ORIGINALE. Cette nouvelle, dont le manuscrit original fut trouvé dans les papier des Tuileries, a été écrite pour l'impératrice Eugénie et porte à la fin : *Composé et écrit par Prosper Mérimée, fou de S. M. l'Impératrice.*

256. MÉRY. L'Assassinat, scènes méridionales de 1815. *Paris, Urb. Canel et Ad. Guyot*, 1832, in-8, fig. de Tony Johannot, demi-rel. mar. r. avec coins, ébarbé, couverture. (*Alló.*)

ÉDITION ORIGINALE.

257. MÉRY. Le Bonnet vert. *Paris, Boulland*, 1830, in-8, br. couverture.

ÉDITION ORIGINALE; vignette de Tony Johannot gravée par Thompson, reproduite sur la couverture.

258. — La Floride. *Paris, Victor Magen*, 1846, 2 vol. in-8, demi-rel. mar. r. avec coins, ébarbés, couvertures. (*Allô.*)

ÉDITION ORIGINALE.

259. — La Guerre du Nizam. *Paris, Victor Magen*, 1847, 3 vol. in-8, demi-rel. mar. r. avec coins, ébarbés, couvertures. (*Allô.*)

ÉDITION ORIGINALE.

260. — Héva. *Paris, Dumont*, 1843, in-8, demi-rel. mar. r. avec coins, ébarbé, couverture. (*Allô.*)

ÉDITION ORIGINALE.
Portrait de l'auteur ajouté.

261. MONNIER (Henri). Les Bas-Fonds de la société, avec un frontispice du Lundi, dessiné et gravé par S. P. Q. R. (F. Rops). *Sur l'imprimé à Paris, chez J. Claye, Amsterdam* (*Bruxelles, Gay*), 1864, in-8, front. sur chine, demi-rel. chag. vert avec coins, fil. tête dor. ébarbé.

Un des 20 exemplaires sur PAPIER VERGÉ.

262. MUSSET (Alfred de). LA CONFESSION D'UN ENFANT DU SIÈCLE. *Paris, Bonnaire*, 1836, 2 vol. in-8, brochés, couvertures.

ÉDITION ORIGINALE.
Superbe exemplaire.

263. — CONTES D'ESPAGNE ET D'ITALIE. *Paris, Levasseur; Urbain Canel*, 1830, in-8, broché, couverture.

ÉDITION ORIGINALE du premier livre que Musset ait publié sous son nom.
Superbe exemplaire.

264. — (NOUVELLES :) I. les Deux Maîtresses, Emmeline, le Fils du Titien. — II. Frédéric et Bernerette, Croisilles, Margot. *Paris, Dumont*, 1840, 2 vol. in-8, brochés, couvertures.

ÉDITION ORIGINALE.
Superbe exemplaire.

265. — UN SPECTACLE DANS UN FAUTEUIL. *Paris, Renduel*, 1833, in-8, broché, couverture.

ÉDITION ORIGINALE de la première livraison du *Spectacle dans un fauteuil*.
Superbe exemplaire.

266. — UN SPECTACLE DANS UN FAUTEUIL. *Paris, Librairie de la Revue des Deux Mondes; Londres, Baillière*, 1834, 2 vol. in-8, brochés, couvertures.

ÉDITION ORIGINALE de la seconde livraison du *Spectacle dans un fauteuil*.
Superbe exemplaire.

267. MUSSET (Alfred de). ŒUVRES COMPLÈTES avec lettres inédites, variantes, notes, index, fac-similé, notice biographique, ornées de 28 dessins de M. Bida. *Paris, Charpentier*, 1866, 10 vol. gr. in-8, fig. br.

Exemplaire de souscription sur GRAND PAPIER DE HOLLANDE avec les figures de Bida sur chine collées sur Bristol, AVANT LA LETTRE avec feuille de garde imprimée.

On y a ajouté :

1° La suite des soixante dessins d'Eugène Lami gravés à l'eau-forte par Ad. Lalauze, publiés par Morgand et Fatout, en deux états : EAUX-FORTES PURES (*épreuves d'artiste non terminées*) SUR PAPIER DU JAPON IMPÉRIAL et EAUX-FORTES TERMINÉES AVANT TOUTE LETTRE et avec remarque sur chaque planche sur PAPIER DU JAPON IMPÉRIAL avec feuille de garde imprimée.

2° La suite des quarante-deux dessins de Pille gravés par Monziès et publiés par Lemerre, épreuves sur JAPON, AVANT TOUTE LETTRE et avec remarque.

3° La suite de douze figures gravées par Massé, Champollion, Abot, etc. d'après Giacomelli.

4° Huit vignettes de Bida gravées à l'eau-forte par Lalauze, ÉPREUVES D'ARTISTE signées (deux pièces sont en double).

268. MUSSET (Paul de). Biographie d'Alfred de Musset. Sa vie et ses œuvres. *Paris, Charpentier*, 1877, in-8, br.

On a ajouté en tête de cet exemplaire un portrait de Paul de Musset par Martinez, épreuve sur CHINE, et celui d'Alfred de Musset publié en 1878 par Cadart.

269. NERVAL (Gérard de). La Bohème galante. *Paris, Michel Lévy fr.* 1855, in-12, br. couverture.

ÉDITION ORIGINALE.

270. SALLE (Eusèbe de). Ali le Renard, ou la Conquête d'Alger (1830). Roman historique. *Paris, Ch. Gosselin*, 1832, 2 vol. in-8, 2 vign. sur chine par Tony Johannot, gr. par Porret, cart. non rog. couvertures.

ÉDITION ORIGINALE.

271. SAND (George). La Dernière Aldini. *Paris, Félix Bonnaire*, 1838, in-8, demi-rel. v. f. non rog. couverture.

ÉDITION ORIGINALE.
Taches d'humidité.

272. — François le Champi. *Paris, Alex. Cadot*, 1851, 2 vol. in-8, br. couvertures.

ÉDITION ORIGINALE.

273. — L'Homme de neige. *Paris, Hachette*, 1859, 2 vol. in-12, br. couvertures.

ÉDITION ORIGINALE.

274. — Isidora. *Paris, Hipp. Souverain*, 1847, 3 vol. in-8, br.

ÉDITION ORIGINALE.
Exemplaire très frais avec ses couvertures.

275. Sand (George). Jean de La Roche. *Paris, Hachette*, 1860, in-12, br. couverture.

Édition originale.

276. — La Mare au Diable. *Paris, Desessart*, 1846, 2 vol. in-8, cart. non rog.

Édition originale

Cachet effacé sur les faux titres et les titres.

277. — Le Marquis de Villemer. *Paris, Michel Lévy fr.* 1861, in-12, cart. non rog.

Édition originale.

278. — Mont-Revêche. *Paris, Alex. Cadot*, 1853, 4 vol. in-8, cart. non rog. couvertures.

Édition originale.

279. — Pauline. *Paris, Magen et Comon*, 1841, in-8, br. couverture.

Édition originale d'un des plus rares romans de G. Sand.

280. — La Petite Fadette. *Paris, Michel Lévy fr.* 1849, 2 vol. in-8, cart. non rog. couverture.

Édition originale.

Portrait de l'auteur gravé à l'eau-forte, publié par Cadart, ajouté.

281. — L'Uscoque. *Paris, Félix Bonnaire*, 1838, in-8, br. couverture.

Édition originale.

282. Sandeau (Jules). La Chasse au roman. *Paris, Michel Lévy fr.* 1849, 2 vol. in-8, papier vélin, cart. perc. non rog. couvertures.

Édition originale.

283. — Un Héritage. *Paris, Michel Lévy fr.* 1849, 2 vol. in-8, cart. perc. couvertures.

Édition originale.

284. — Madeleine. *Paris, Michel Lévy fr.* 1849, in-8, br. couverture.

Édition originale.

285. — Marianna. *Paris, Werdet*, 1839, 2 vol. in-8, cart. non rog. couvertures.

Édition originale.

286. Sue (Eugène). Le Juif Errant. Édition illustrée par Gavarni. *Paris, Paulin*, 1845, 4 vol. gr. in-8, demi-rel. mar. vert avec coins, dos orné, fil. tête dor. ébarbés. (*R. Petit.*)

Première édition illustrée.

287. Sue (Eugène). Les Mystères de Paris. Nouvelle édition, revue par l'auteur. *Paris, Ch. Gosselin*, 1843-1844, 4 vol. gr. in-8, fig. demi-rel. mar. r. avec coins, ébarbés, couvertures. (*Reliure genre Bradel.*)

Première édition illustrée par Daumier, Daubigny, C. Nanteuil, Tremolet, etc.

288. Vacquerie (Aug.). Les Miettes de l'histoire. *Paris, Pagnerre*, 1863, in-8, br.

Édition originale.
Exemplaire sur papier de Hollande auquel on a ajouté un portrait de l'auteur, gravé par Adr. Nargeot.

289. Vigny (le comte A. de). Chatterton, drame. *Paris, H. Souverain*, 1835, in-8, front. à l'eau-forte de Ed. May, demi-rel. mar. La Vall. avec coins, fil. tête dor. ébarbé. (*Raparlier.*)

Édition originale.
Bel exemplaire relié sur brochure.

290. — Servitude et grandeur militaires. Dessins de Jules Le Blant. *Paris, librairie des Bibliophiles*, 1885, in-8, portr. et fig. br.

AUTEURS CONTEMPORAINS. — DIVERS

291. Arétin (P.). Dialogues. Deux parties divisées chacune en 3 journées. Traduits de l'italien par A. Ribeaucourt. *S. l.* 1584 (*Paris*, 1879), 2 vol. — Œuvres de Lorenzo Veniero, traduites par le même. *Paris*, 1880. — Ens. 3 vol. in-8, demi-rel. mar. citron, tête dor. non rog.

Cette excellente traduction de l'Arétin n'a été imprimée qu'à 15 exemplaires par le traducteur lui-même.

292. Art (l') priapique. Parodie des deux premiers chants de l'art poétique, par un octogénaire. *Namur* (*Bruxelles, Gay*), 1864, in-8, front. de Rops, mar. grenat jans. tr. dor.

293. Barbey d'Aurevilly (J.). Le Chevalier Des Touches. *Paris, Michel Lévy*, 1864, in-12, cart. non rog. couverture.

Édition originale.
Exemplaire auquel on a ajouté la suite des six eaux-fortes dessinées et gravées par Félix Buhot, en deux états sur papier du Japon.

294. Barbey d'Aurevilly (J.). Les Diaboliques. *Paris, E. Dentu*, 1874, in-12, br. couverture.

Édition originale.

On a ajouté à cet exemplaire la suite de Rops, épreuves sur japon, avant la lettre.

295. — L'Ensorcelée. *Paris, Alex. Cadot*, 1855, 2 vol. in-8, cart. non rog. couverture.

Édition originale.

On a ajouté à cet exemplaire la suite de 1 portrait et 6 eaux-fortes dessinés et gravés par Félix Buhot, publiée par Alph. Lemerre, en deux états : chine et japon, avant la lettre et *avec remarque*.

296. — Une vieille maîtresse. *Paris, Alex. Cadot*, 1851, 3 vol. in-8, cart. non rog.

Édition originale.

On a ajouté à cet exemplaire la suite de onze eaux-fortes dessinées et gravées par Félix Buhot, publiée par Alph. Lemerre, en deux états : chine et whatman, avant la lettre.

297. Barbier (Ant.-Alex.). Dictionnaire des ouvrages anonymes. Troisième édition, revue et augmentée par MM. Ol. Barbier, René et Paul Billard. *Paris, P. Daffis*, 1872-78, 4 tomes en 8 vol. in-8 à 2 col. br.

Exemplaire en grand papier.

298. Bernard (J.-F.). La Gazette de Cythère (par J.-F. Bernard, libraire hollandais), publiée par Octave Uzanne avec notice historique. *Paris, Quantin*, 1881, in-8, front. de Gaujean, br.

De la collection des *Documents sur les mœurs du* xviiie *siècle*.
Tiré à petit nombre.

299. Bibliotheca Scatologica, ou Catalogue raisonné des livres traitant des vertus, faits et gestes de très noble et très ingénieux messire Luc (à rebours), seigneur de La Chaise et autres lieux... et enrichi de notes très congruantes au sujet par trois savants en us, dédié à M. Q. (par le Dr Payen, le libraire Jannet et Aug. Veinant). *Scatopolis, chez les marchands d'aniterges*, 5850 (*Paris*, 1850), in-8, demi-rel. mar. orange avec coins, dos orné, fil. tête dor. non rog. (*David.*)

300. Blanc (Louis). Révolution française. Histoire de dix ans, 1830-1840. *Paris, Pagnerre*, 1844, 5 vol. in-8, demi-rel. v. vert.

301. Catalogue des livres composant la bibliothèque de feu M. le baron James de Rothschild. *Paris, Morgand*, 1884, in-8, pl. en noir et en couleur, br.

Tome I.

302. — d'une très riche mais peu nombreuse collection de livres provenant de la bibliothèque de feu M. le comte J. N. A. de

Fortsas... Deuxième édition. *Bruxelles, G.-A. van Trigt, s. d.* (*Lyon, impr. Louis Perrin*). — Documents et particularités historiques sur le catalogue du comte de Fortsas publié par Chalon. *Mons, Hoyois*, 1857. — Ens. 2 vol. in-8, demi-rel. mar. grenat avec coins, fil. tête dor. ébarbés.

Tirés à petit nombre.
Le second ouvrage est imprimé sur PAPIER JONQUILLE.

303. CHAPERON (Ph.). Mademoiselle Vermont. Mœurs parisiennes. *Paris, Lemerre*, 1885, in-12, br. couverture.

ÉDITION ORIGINALE.
Exemplaire sur PAPIER DE CHINE.

304. CHERBULIEZ (Victor). Romans. *Paris, Hachette*, 1872-1887, 6 vol. in-12, br. couverture.

La Revanche de Joseph Noirel. — Samuel Brohl et Cie. — L'Idée de Jean Téterol. — Noirs et rouges. — Olivier Maugant. — La Bête.
ÉDITIONS ORIGINALES.

305. CLASSIQUES en miniature. *Paris, Dufour, et Mame et Delaunay-Vallée*, 1825-1827, 7 vol. in-64, fig. v. brun.

La Fontaine. Fables. — J. Racine. Œuvres. — Fénelon. Télémaque. — Bossuet. Histoire universelle.
Jolie édition imprimée en caractères microscopiques.

306. COPPÉE (Fr.). Vingt contes nouveaux. *Paris, Lemerre*, 1883, in-12, br. couverture.

ÉDITION ORIGINALE.
Exemplaire sur PAPIER DE HOLLANDE.

307. DAUDET (Alph.). Contes du lundi. *Paris, Lemerre*, 1873, in-12, papier vélin teinté, br.

ÉDITION ORIGINALE.
Portrait de l'auteur par Adr. Nargeot, ajouté.

308. — L'Évangéliste. Roman parisien. *Paris, Dentu*, 1883, in-12, br. couverture.

ÉDITION ORIGINALE.
Exemplaire sur PAPIER DE HOLLANDE, avec 2 portraits de l'auteur, ajoutés.

309. — Les Femmes d'artistes, avec une eau-forte de A. Gill. Première série. *Paris, Lemerre*, 1874, in-12, front. br.

ÉDITION ORIGINALE.

310. — Fromont jeune et Risler aîné. Mœurs parisiennes. *Paris, Charpentier*, 1874, in-12, br. couverture.

ÉDITION ORIGINALE.

311. — Numa Roumestan. Mœurs parisiennes. *Paris, Charpentier*, 1881, in-12, br. couverture.

ÉDITION ORIGINALE.
Exemplaire sur PAPIER DE HOLLANDE, avec deux portraits de l'auteur ajoutés.

312. Daudet (Alph.). Les Rois en exil. Roman parisien. *Paris, Dentu*, 1879, in-12, br.

Édition originale.
Exemplaire sur papier de Hollande, portrait de l'auteur par Adr. Nargeot, ajouté.

313. — Sapho. Mœurs parisiennes. *Paris, Charpentier*, 1884, in-12, br. couverture.

Édition originale.
Exemplaire sur papier de Hollande, portrait de l'auteur par Adr. Nargeot en divers états, ajouté.

314. Delpit (Albert). Mademoiselle de Bressier. *Paris, Ollendorff*, 1886, in-12, br. couverture.

Édition originale.
Exemplaire sur papier de Hollande.

315. — La Marquise. *Paris, Ollendorff*, 1882, in-12, demi-rel. mar. r. avec coins, dos orné et mosaïqué, fil. tête dor. non rog.

Exemplaire sur papier de Hollande.

316. — Solange de Croix-Saint-Luc. *Paris, Ollendorff*, 1885, in-12, br. couverture.

Édition originale.
Exemplaire sur papier de Hollande.

317. Dodillon (Em.). Les Vacances d'un séminariste. *Paris, Lemerre*, 1883, in-12, br. couverture.

Édition originale.

318. Droz (G.). Tristesses et sourires. *Paris, Havard*, 1884, in-12, br. couverture.

Édition originale.
Exemplaire sur papier de Hollande.

319. Du Guillet. Rymes de gentille et vertueuse dame D. Pernette du Guillet, Lyonnoise. *Lyon, Scheuring*, 1864, in-12, demi-rel. mar. bleu avec coins, fil. à froid, tête dor. non rog. (*Belz-Niedrée.*)

320. Dumas fils (Alex.). L'Homme-femme. Réponse à M. Henri d'Ideville. *Paris, Michel Lévy*, 1872, in-8, br. couverture.

Édition originale.
Exemplaire sur papier de Hollande.

321. — Théâtre. 4 vol. br. couvertures.

Le Fils naturel. 1858, in-12. — Les Idées de Mme Aubray, comédie. 1867, in-8, portr. de l'auteur par Burney ajouté. — La Princesse Georges. 1872, in-8, portr. de l'auteur par Burney ajouté. — Francillon. 1887, in-8.
Éditions originales.

322. DURAS (la comtesse de). Ourika (par Mme de Duras). Deuxième tirage. *Paris, Ladvocat*, 1824, in-16, br.

Réimpression textuelle et faite immédiatement après l'édition originale qui n'avait été tirée qu'à 40 exemplaires.

323. EXPIATION. *Paris, Calmann Lévy*, 1881, in-12, br.

Exemplaire sur PAPIER DE HOLLANDE.

324. FABRE (F.). L'Abbé Tigrane, candidat à la papauté. *Paris, Lemerre*, 1873, in-12, br. couverture.

ÉDITION ORIGINALE.
Exemplaire avec 2 vignettes à l'eau-forte sur CHINE, par de Courtry, ajoutées.

325. FEUILLET (Octave). Les Amours de Philippe. *Paris, Calmann Lévy*, 1877, in-12, br. couverture.

ÉDITION ORIGINALE.

326. — Histoire d'une Parisienne. *Paris, Calmann Lévy*, 1881, in-12, br. couverture.

ÉDITION ORIGINALE.
Exemplaire sur PAPIER DE HOLLANDE.

327. — Julia de Trécœur. *Paris, Michel Lévy*, 1872, in-12, br. couverture.

ÉDITION ORIGINALE.
Exemplaire sur PAPIER DE HOLLANDE, auquel on a ajouté 1 portrait de l'auteur et la suite de 1 frontispice et 15 vignettes, dessinés par S. Arcos et gravés par A. Nargeot, publiée par Conquet, épreuves sur PAPIER DU JAPON, AVANT LA LETTRE.

328. — La Morte. *Paris, Calmann Lévy*, 1886, in-12, couverture.

ÉDITION ORIGINALE.
Exemplaire sur PAPIER DE HOLLANDE.

329. — Un Mariage dans le monde. *Paris, Michel Lévy*, 1875, in-12, br. couverture.

ÉDITION ORIGINALE.
Exemplaire sur PAPIER DE HOLLANDE ; portrait de l'auteur, ajouté.

330. FEYDEAU (Ernest). Fanny. Étude. *Paris, Amyot*, 1858, in-8, portr. br. couverture.

ÉDITION ORIGINALE, rare.
Exemplaire sur PAPIER DE HOLLANDE, avec le portrait de l'auteur gravé à l'eau-forte, et publié par Cadart, ajouté.

331. FLAUBERT (G.). Mme Bovary, mœurs de province. *Paris, Michel Lévy*, 1857, 2 vol. in-12, demi-rel. bas. bleue, non rog. couvertures.

ÉDITION ORIGINALE.
On a ajouté à cet exemplaire la suite des sept eaux-fortes composées et gravées par Boilvin, en deux états : sur PAPIER DU JAPON et sur hollande AVANT LA LETTRE.

332. Flaubert (G.). Salammbô. *Paris, Michel Lévy*, 1863, in-8, br. couverture.

Édition originale.

Exemplaire auquel on a ajouté la suite des figures, de Vidal, publiée par A. Lemerre en deux états, sur papier du Japon et sur papier de Chine avant la lettre.

333. Fortescue. A History of the family of Fortescue in all its branches, by Thomas (Fortescue) lord Clermont. Second edition. *London, Ellis and White*, 1880, in-4, fig. demi-rel. bas. plats toile, non rog.

334. Girardin (Em. de). La Fille du millionnaire, comédie. *Paris, Librairie nouvelle*, 1858, in-12. — Les Deux Sœurs, drame en quatre actes. *Paris, Michel Lévy*, 1865, in-8. — Ens. 2 vol. br.

Éditions originales.

335. Glatron (G.). Les Disciples de l'abbé François. *Paris, Lemerre*, 1881, in-12, br. couverture.

Édition originale.

Exemplaire sur papier de Hollande.

336. — La Nièce du curé. *Paris, Lemerre*, 1880, in-12, br. couverture.

Édition originale.

337. Goncourt (Edm. de). Chérie. *Paris, Charpentier*, 1884, in-12, br. couverture.

Édition originale.

Portrait de l'auteur, sur chine, avant la lettre, ajouté.

338. — La Faustin. *Paris, Charpentier*, 1882, in-12, br. couverture.

Édition originale.

Portrait de l'auteur par Boilvin, sur chine, avant la lettre, ajouté.

339. — (Edmond et Jules de). Germinie Lacerteux. *Paris, Charpentier*, 1864, in-12, br. couverture.

Édition originale.

Portraits des auteurs sur chine, avant la lettre, ajoutés.

340. — Madame Gervaisais. *Par s, Librairie internationale*, 1869, in-8, br. couverture.

Édition originale.

Exemplaire sur papier de Hollande avec un portrait des auteurs et 2 vignettes à l'eau-forte, de Manesse, sur chine, avant la lettre, ajoutés.

341. — Manette Salomon. *Paris, Librairie internationale*, 1867, 2 vol. in-12, br. couverture.

Édition originale.

Portraits des auteurs sur chine, avant la lettre, ajoutés.

342. GONCOURT (Ed. et J. de). Renée Mauperin. *Paris, Charpentier*, 1864, in-12, br.

ÉDITION ORIGINALE.
Portraits des auteurs par Rajon et Boilvin, sur CHINE, AVANT LA LETTRE, et 2 figures, ajoutés.

343. — Sœur Philomène. *Paris, Librairie nouvelle*, 1861, in-12, br. couverture.

ÉDITION ORIGINALE.
Portraits des auteurs par Rajon et Boilvin, sur CHINE, AVANT LA LETTRE, ajoutés.

344. — Un premier livre. En 18... *Bruxelles, Kistemaeckers*, 1851-1884, in-12, portr. br.

345. GORDON (Dr R.). F. Rabelais à la Faculté de médecine de Montpellier. Autographes, documents et fac-similés. *Montpellier et Paris*, 1876, in-4 de 60 pp. papier vergé, fac-similés, br.

346. GUALDO (Luigi). Un Mariage excentrique. — Une ressemblance. *Paris, Lemerre*, 1874-1879, 2 vol. in-12, br.

Exemplaires sur PAPIER DE CHINE.

347. HORACE. Œuvres. Traduction nouvelle par Leconte de Lisle, avec le texte latin. *Paris, Lemerre*, 1873, 2 vol. pet. in-12, portr. demi-rel. mar. bleu avec coins, dos orné, fil. tête dor. ébarbés. (*Belz-Niedrée.*)

348. HOUDOY (Jules). Les Imprimeurs lillois. Bibliographie des impressions lilloises, 1595-1700. *Paris, Morgand et Fatout*, 1879, gr. in-8, papier de Hollande, pl. en chromo tirée sur Japon, cart.

349. HUGELMANN (Gabr.). Les Tyrtéennes. *Paris, Lemerre*, 1871, in-12, front. gr. demi-rel. mar. vert avec coins, tête dor. ébarbé. (*Lanscelin.*)

Exemplaire sur PAPIER WHATMAN.

350. LABÉ (Louise). Œuvres. *Lyon, Scheuring*, 1862, in-8, demi-rel. mar. gris avec coins, tête dor. ébarbé. (*Chatelin.*)

Tiré à petit nombre.

351. LA FONTAINE. Fables choisies mises en vers, avec notice et notes par Alph. Pauly. 2 vol. — Contes et Nouvelles en vers, avec notes de A. Pauly. 2 vol. — *Paris, Lemerre*, 1868. — Ens. 4 vol. pet. in-12, portr. demi-rel. mar. r. avec coins, fil. tête dor. ébarbés. (*Belz-Niedrée.*)

352. LAMBER (Juliette) (Madame Adam). Païenne. *Paris, Ollendorff*, 1883, in-12, br. couverture.

ÉDITION ORIGINALE.
Exemplaire sur PAPIER DE HOLLANDE.

353. Langlé (Ferd.) et Em. Morice. L'Historial du jongleur. Chroniques et légendes françaises, ornées d'initiales, vignettes et fleurons imités des manuscrits originaux. *Paris, Didot*, 1829, in-8, vign. encadrements et lettres en couleur, v. vert, comp. à froid, fil.

354. Levis-Mirepoix (le comte de). Mes souvenirs d'Orient. Égypte, Syrie, Palestine. *Châteaudun*, 1882, gr. in-8 de 113 pp. mar. vert jans. tête dor. non rog.

Tiré à petit nombre et non mis dans le commerce.
Envoi de l'auteur.

355. Livre (le). Revue mensuelle, paraissant le 10 de chaque mois, rédacteur en chef Octave Uzanne. *Paris, A. Quantin*, 1880-1884, en fascicules gr. in-8, fig. br.

Les cinq premières années.

356. Longus. Les Amours pastorales de Daphnis et Chloé, traduites par J. Amyot, texte de 1559, suivies de la traduction revue par P.-L. Courier, notice par E.-T. Charavay. *Paris, Lemerre*, 1872, pet. in-12, portr. demi-rel. mar. bleu, fil. tête dor. non rog. (*Belz-Niedrée.*)

357. Meray (Ant.). La Vie au temps des Cours d'amour. — La Vie au temps des trouvères. — *Paris, Claudin*, 1873-1876. — Ens. 2 vol. in-8, demi-rel. mar. brun avec coins, dos orné, fil. tête dor. ébarbés.

Exemplaires sur grand papier vergé de Hollande.
Envoi autographe de l'auteur.

358. Michelet (J.). Histoire de France aux xvie, xviie et xviiie siècles. *Paris, Chamerot*, 1855-1867, 11 vol. in-8, br.

Renaissance. — Réforme. — Guerres de religion. — La Ligue et Henri IV. — Henri IV et Richelieu. — Richelieu et la Fronde. — Louis XIV et la Révocation de l'édit de Nantes. — Louis XIV et le duc de Bourgogne. — La Régence. — Louis XV. — Louis XV et Louis XVI.

359. — Histoire de la Révolution française. *Paris, Chamerot*, 1847-1853, 7 vol. in-8, br.

360. Molière. Les Œuvres. Avec notes et variantes par Alph. Pauly. *Paris, Lemerre, s. d.* (1874), 8 vol. pet. in-12, portr. demi-rel. mar. r. dos orné, fil. tête dor. ébarbés. (*Belz-Niedrée.*)

361. Montaigne. Les Essais, accompagnés d'une notice sur sa vie et ses ouvrages, d'une étude bibliographique, de variantes, de notes, de tables et d'un glossaire, par E. Courbet et Ch. Royer. *Paris, Lemerre*, 1872-1875, 3 vol. in-8, demi-rel. mar. La Vall. avec coins, tête dor. non rog. (*Belz-Niedrée.*)

362. OHNET (Georges). Les Batailles de la vie. La Comtesse Sarah. *Paris, Ollendorff*, 1883, in-12, br.

Exemplaire sur PAPIER DE HOLLANDE, portrait de l'auteur par Liphart en trois états et 1 fac-similé, ajoutés.

363. — Les Batailles de la vie. Les Dames de Croix-Mort. *Paris, Ollendorff*, 1886, in-12, br. couverture.

ÉDITION ORIGINALE.

364. — Les Batailles de la vie. La Grande Marnière. *Paris, Ollendorff*, 1885, in-12, br.

Exemplaire sur PAPIER DE HOLLANDE.

365. — Les Batailles de la vie. Lise Fleuron. *Paris, Ollendorff*, 1884, in-12, portr. br.

Exemplaire sur PAPIER DE HOLLANDE.

366. — Les Batailles de la vie. Le Maître de forges. *Paris, Ollendorff*, 1882, in-12, br. couverture.

ÉDITION ORIGINALE.
Portrait de l'auteur par Liphart en trois états, ajouté.

367. — Les Batailles de la vie. Serge Panine. *Paris, Ollendorff*, 1883, in-12, br.

Exemplaire sur PAPIER DE HOLLANDE.
Portrait de l'auteur ajouté.

368. OPUSCULES. 11 pièces réunies en 2 vol. in-12, demi-rel. mar. r. avec coins, tête dor. (*Cocheu.*)

Les Hommes du jour, par Eug. Vermersch. *Paris, Madre, s. d.* Première série, 150 portraits. — La Chronique scandaleuse (par le même). *S. l. n. d.* 32 pp. — La Gazette rouge. Numéro spécimen, 14 juillet 1868. 24 pp. imprimées en rouge. — Le Testament de Néro tel qu'il a été dicté le 19 janvier 1867 à son très humble et dévoué sujet, Georges Sauton. *Paris, Madre*, 1868, 16 pp. — Le Vrai Diable à quatre. 1868, 36 pp. — Balet des Andouilles porté en guise de Momen. 8 pp. (*Tirage à part sur chine.*) — Les Réclusières de Vénus, allégorie. 1850, 16 pp. — La Merdéide, stanze del sig. Nic. Bobadillo. *Ginevra*, 1869, 16 pp. — La même pièce. *Traduction manuscrite.* — Les Bons Contes du sire de la Glotte (par Alb. Glatigny), suivis de la Chaste Suzanne, opéra-comique en un acte. *Babel*, 1870, 40 pp. — La Sultane Rozréa, ballade traduite (par le même). *Paris*, 1870, 16 pp.

369. PHILIPOT. Recueil nouveau des Chansons du Savoyard (Philipot), par luy seul chantées dans Paris. *Paris, Vve Jean Promé*, 1665 (*Paris, impr. Simon Raçon, libr. Gay*, 1862), pet. in-12, mar. La Vall. fil. à froid, tête dor. non rog. dans 1 carton.

Bel exemplaire sur PAPIER JONQUILLE.

370. PIDANSAT DE MAIROBERT. Anecdotes sur la comtesse Du Barry (par Pidansat de Mairobert), publiées par Oct. Uzanne

avec préface et index. *Paris, Quantin*, 1880, in-8, portr. par Lalauze, br.

De la collection des *Documents sur les mœurs du XVIIIe siècle.*
Tiré à petit nombre.

371. Pogge. Les Facéties de Poge, Florentin, traduction nouvelle de Guillaume Tardif, du Puy en Velay, lecteur du roi Charles VIII, réimprimée pour la première fois sur les éditions gothiques avec une préface et des tables de concordance, par M. Anatole de Montaiglon. *Paris, Willem*, 1878, in-8, demi-rel. vél. blanc.

372. Ponsard (F.). L'Honneur et l'Argent. — La Bourse. — Le Lion amoureux, comédies. — *Paris, Michel Lévy*, 1853-1856. — Ens. 3 vol. in-12 et in-8, br.

Éditions originales.

373. Popelin (Claudius). Cinq octaves de sonnets. *Paris, Lemerre*, 1875, gr. in-8, papier vélin, texte avec encadrements, demi-rel. mar. bleu avec coins, tête dor. ébarbé. (*Dupré.*)

374. Quérard (J.-M.). Les Supercheries littéraires dévoilées... Seconde édition, publiée par MM. G. Brunet et P. Jannet. *Paris, P. Daffis*, 1869, 3 vol. in-8 à 2 col. demi-rel. mar. vert avec coins, dos orné, tête dor. ébarbés.

Exemplaire en grand papier.

375. Racine (Jean). Les Œuvres. Texte original avec variantes. Notice par Anatole France. *Paris, Lemerre, s. d.* (1875), 5 vol. petit in-12, portr. demi-rel. mar. vert avec coins, dos orné, fil. tête dor. ébarbés. (*Belz-Niedrée.*)

376. Recueil dit de Maurepas. Pièces libres, chansons, épigrammes... Publié pour la première fois d'après les manuscrits conservés à la bibliothèque de Paris... *Leyde*, 1865, 6 vol. pet. in-12, br.

Tiré à très petit nombre.

377. Richepin (J.). La Glu. Drame en cinq actes. — Nana-Sahib. Drame. — *Paris, Dreyfous*, 1883, 2 vol. in-8, br. couvertures.

Éditions originales.
Nana-Sahib est tiré sur papier de Hollande.

378. Sardou (Victorien). Daniel Rochat, comédie en cinq actes. *Paris, Calmann Lévy*, 1880, in-8, br. couverture.

Édition originale.
Exemplaire sur papier de Hollande.

379. SARDOU (Victorien). Séraphine, comédie en cinq actes. *Paris, Michel Lévy*, 1869, in-8, br. couverture.

ÉDITION ORIGINALE.

Exemplaire sur PAPIER VÉLIN FORT, portrait de l'auteur par Le Nain, ajouté.

380. SAULIÈRE (Aug.). Les Guerres de la paroisse. *Paris, Lemerre*, 1880, in-12, br. couverture.

ÉDITION ORIGINALE.

381. SÉGUR (le général comte de). Histoire et Mémoires. *Paris, Firmin Didot*, 1873, 7 vol. in-8, demi-rel. chag. grenat.

382. SÉVIGNÉ (la marquise de). Lettres à sa fille et à ses amis. Édition revue et publiée par M. U. Silvestre de Sacy. *Paris, Techener*, 1861, 11 vol. in-8, portr. demi-rel. mar. vert avec coins, tête dor. non rog. (*Raparlier*.)

Exemplaire en GRAND PAPIER DE HOLLANDE avec quatre états du portrait.

383. SIMON (J.). L'Affaire Nayl. Trois condamnés à mort. *Paris, Calmann Lévy*, 1883, in-12, br.

Exemplaire sur PAPIER DE HOLLANDE.

384. TALLEYRAND (de). Notice sur Valençay (par M. de Talleyrand). *Paris, Crapelet*, 1848, in-8, mar. r. dos orné, fil. tr. dor. (*Duprė*.)

On a ajouté 4 photographies et 3 AQUARELLES représentant différents aspects du château.

Envoi autographe de l'auteur.

385. THÉATRE contemporain. Pièces en éditions originales. Réunion de 6 vol. in-8, br.

Héloïse Paranquet, par M. Armand Durantin. 1866 (exemplaire en GRAND PAPIER). — Madame Desroches, comédie par Léon Laya. 1868. — Lions et Renards, comédie par Émile Augier. 1870. — L'Autre, comédie par G. Sand. 1870. — Juarez ou la Guerre du Mexique, drame par Alfred Gassier. 1880. — Les Mères ennemies, drame par Catulle Mendès. 1883.

386. — contemporain. Pièces en éditions originales. Réunion de 10 vol. in-12, br.

Alexandre Dumas. La Jeunesse de Louis XIV, comédie. 1856. — Les Mohicans de Paris, drame par Alexandre Dumas. 1864. — E. J. Nurbal. Monsieur Dumoulin, comédie. 1868. — Edmond et Jules de Goncourt. La Patrie en danger. 1873. — Alphonse Daudet et Pierre Elzéar. Le Nabab. 1881. — Les Danicheff, comédie par Pierre Newsky. 1881. — Quatre-vingt-treize, drame. Roman de Victor Hugo, mis à la scène par Paul Meurice. 1882. — Les Rois en exil, pièce tirée du roman d'Alphonse Daudet par Paul Delair. 1884. — Le Père de Martial, par Albert Delpit. 1883. — Trois Femmes pour un mari, comédie-bouffe par E. Grenet-Dancourt. 1884.

387. Theuriet (Andr.). Nouvelles intimes. *Paris, Lemerre,* 1870, in-12, br. couverture.

Édition originale.
Exemplaire sur papier de Chine.

388. — Péché mortel. *Paris, Lemerre*, 1885, in-12, portr. br. couverture.

Édition originale.
Exemplaire sur papier de Chine.

389. Thiers. Discours parlementaires publiés par M. Calmon. *Paris, Calmann Lévy*, 1879-1881, 11 vol. in-8, br.

Exemplaire en grand papier de Hollande, avec un envoi autographe signé de Mme Thiers.

390. Tiphaine, avec une préface par Alex. Dumas fils. *Paris, Calmann Lévy*, 1880, in-12, br.

Exemplaire sur papier de Hollande.

391. Vauvenargues. Œuvres posthumes et œuvres inédites. Édition nouvelle, précédée de l'éloge de Vauvenargues, et accompagnée de notes et commentaires par D. L. Gilbert. *Paris, Furne,* 1857, 2 vol. in-8, portr. demi-rel. mar. r. avec coins, tête dor. ébarbés.

Exemplaire en grand papier avec 1 épreuve du portrait à l'état d'eau-forte.

Paris. — Typ. G. Chamerot, 19, rue des Saints-Pères. — 22315.

www.ingramcontent.com/pod-product-compliance
Ingram Content Group UK Ltd.
Pitfield, Milton Keynes, MK11 3LW, UK
UKHW020440180726
13839UKWH00004B/1567

9 782329 544731